MARCO POLO

PFALZ

MARCO POLO AUTOR

Markus Giffhorn

Markus Giffhorn ist im Badischen geboren, wohnt in Mannheim und nutzt mit seiner Familie jede Gelegenheit für einen Kurzausflug in die nahe gelegene Pfalz. Nicht nur privat schätzt er den Landstrich links des Rheins. Beruflich zieht es ihn als Redakteur für LEO, das Freizeitmagazin für die Pfalz, an die Weinstraße und in den Pfälzerwald, um über die dort ansässige Gastronomie zu schreiben.

REIN INS ERLEBEN

Mit dem digitalen Service von MARCO POLO sind Sie noch unbeschwerter unterwegs: Auf den Erlebnistouren zielsicher von A nach B navigieren oder aktuelle Infos abrufen – das und mehr ist nur noch einen Fingertipp entfernt.

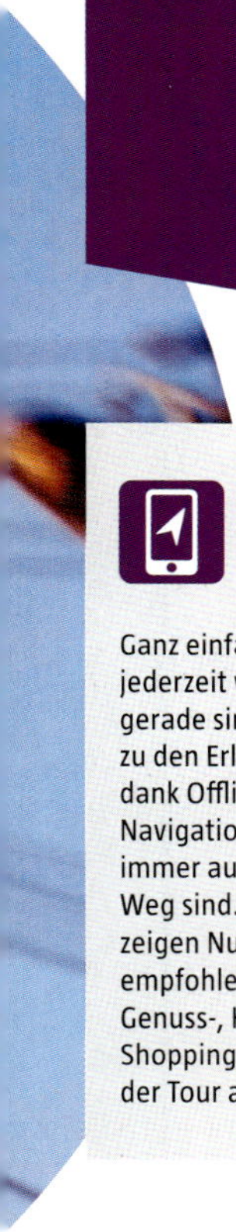

Hier geht's lang zu den digitalen Extras:

http://go.marcopolo.de/pfa

Touren-App

Ganz einfach orientieren und jederzeit wissen, wo genau Sie gerade sind: Die praktische App zu den Erlebnistouren sorgt dank Offline-Karte und Navigation dafür, dass Sie immer auf dem richtigen Weg sind. Außerdem zeigen Nummern alle empfohlenen Aktivitäten, Genuss-, Kultur- und Shoppingtipps entlang der Tour an.

HTTP://GO.MARCOPOLO.DE/PFA

Update-Service

Immer auf dem neuesten Stand in Ihrer Destination sein: Der Online-Update-Service bietet Ihnen nicht nur aktuelle Tipps und Termine, sondern auch Änderungen von Öffnungszeiten, Preisen oder anderen Angaben zu den Reiseführerinhalten. Einfach als PDF ausdrucken oder für Smartphone, Tablet oder E-Reader herunterladen.

SYMBOLE

- INSIDER TIPP — Insider-Tipp
- ★ — Highlight
- ●●●● — Best of ...
- Schöne Aussicht
- Grün & fair: für ökologische oder faire Aspekte
- (*) kostenpflichtige Telefonnummer

PREISKATEGORIEN HOTELS

€€€ über 130 Euro
€€ 90–130 Euro
€ bis 90 Euro

Die Preise gelten für eine Übernachtung im Doppelzimmer für zwei Personen, meist mit Frühstück

PREISKATEGORIEN RESTAURANTS

€€€ über 22 Euro
€€ 14–22 Euro
€ bis 14 Euro

Diese Preise gelten für ein für das jeweilige Restaurant typisches Hauptgericht

 Titelthemen: Übernachten in Alcatraz S. 55 | Bergbaumuseum in Imsbach S. 38

GUT ZU WISSEN

Geschichtstabelle → S. 14
Weltgrößtes Weinfest → S. 25
Spezialitäten → S. 28
Bücher & Filme → S. 36
Südpark Landau → S. 84
Feiertage → S. 111
Was kostet wie viel? → S. 115
Wetter → S. 116

KARTEN IM BAND

(120 A1) Seitenzahlen und Koordinaten verweisen auf den Reiseatlas
(0) Ort/Adresse liegt außerhalb des Kartenausschnitts
Es sind auch die Objekte mit Koordinaten versehen, die nicht im Reiseatlas stehen

(A–B 2–3) verweist auf die herausnehmbare Faltkarte

UMSCHLAG VORN:
Die wichtigsten Highlights

UMSCHLAG HINTEN:
Stadtpläne Kaiserslautern, Landau, Neustadt und Speyer

Die besten MARCO POLO Insider-Tipps

Von allen Insider-Tipps finden Sie hier die 15 besten

INSIDER TIPP Sauer macht lustig
In der Pfalz werden auch Essige gehobener Qualität produziert, klar; dass man aber einige auch als Aperitif genießen kann? Diese Spezialitäten sollten Sie unbedingt probieren: die Trinkessige des *Doktorenhofs* in Venningen (Foto li.) → S. 30

INSIDER TIPP Am längsten Biertisch Deutschlands
Der *Biergarten Schillerhain* in Kirchheimbolanden ist einer der größten und schönsten in der Pfalz → S. 34

INSIDER TIPP Gehen Sie in das Gefängnis!
Einmal eine Nacht (oder auch mehrere) im Knast verbringen? Im *Alcatraz* in Kaiserslautern können Sie auf Pritschen übernachten → S. 55

INSIDER TIPP Pure Nostalgie
Das *Kuckucksbähnel* erinnert an die 1909 eröffnete Bahnlinie zwischen Lambrecht und Elmstein (Foto re.) → S. 56

INSIDER TIPP Auf Schatzsuche
Geheimnisvolle Räume, steile Treppen und verwinkelte Gänge: Die *Hardenburg* in Bad Dürkheim aus dem 13. Jh. befindet sich heute noch in gutem Zustand → S. 63

INSIDER TIPP Naturspaß für Kids
83 m lang ist die Rutsche, die ins Erlebnisbecken im *Waldschwimmbad* in Eisenberg führt. Ansonsten nur Natur pur. Eines der schönsten Freibäder der Pfalz → S. 106

INSIDER TIPP Entspannte Atmosphäre
Casino Lounge: in Deidesheim Treffpunkt für den Abend, nach dem Abend und vor der Nacht; tolles Ambiente → S. 70

INSIDER TIPP Schluss mit Pappbrötchen und Kunsthonig
Restaurants, Bäcker, Metzger, Ziegenkäsereien und Imkereien haben sich unter dem Namen *Kulinarische Landstraße* zusammengeschlossen; das Ziel: hochwertige und frische Produkte → S. 42

INSIDER TIPP Klein, aber oho

Gerade mal 21 Plätze gibt es im *Theader Freinsheim*, dem vielleicht kleinsten Theater der Welt. Sogar in einer Loge können Sie Platz nehmen. Sie müssen vorher nur über die Treppe hinauf in den Turm zur Spielstätte gelangen → S. 77

INSIDER TIPP Kreatives Korkenziehen

Im *Korkenziehermuseum* in Leinsweiler finden die schrägsten Korkenzieher aus allen Zeiten gebührenden Platz → S. 86

INSIDER TIPP Ein Muss für Genießer

In Neustadt komponiert Jörg Friedrich im Restaurant *Die Spinne* beste Zutaten zu Kreationen, die dem Gaumen lange in Erinnerung bleiben → S. 88

INSIDER TIPP Fußballgolf

Fußball: kann fast jeder spielen. Golf nicht unbedingt. Und eine Mischung aus beidem? Probieren Sie, das Runde ins Runde zu bringen – im *Soccerpark Dirmstein* → S. 103

INSIDER TIPP Picknick mit Tieren

Die Wildschweine im *Wildpark Ludwigshafen-Rheingönheim* grunzen von Weitem, während die Kids noch im Streichelzoo stehen: Im Wildpark in der Nähe von Ludwigshafen haben Sie Gelegenheit, die Tiere, die im Pfälzer Wald leben, aus der Nähe zu betrachten. Ideal für Ausflüge mit Picknick → S. 109

INSIDER TIPP Das erste Weinfest im Jahr

Die *Rotweinwanderung in Freinsheim* führt bei kalten Temperaturen durch die Weinberge – dabei werden die Rotweine aus der Umgebung verkostet → S. 110

INSIDER TIPP Feiern wie einst die Römer

Schon die alten Römer bauten hier Wein an. Gäbe es sie noch, sie würden wohl an der *Römerkelter in Ungstein* feiern, einem alten Weingut, das sie hinterlassen haben, und das im Juni zum Weinfest einlädt → S. 110

BEST OF ...

TOLLE ORTE ZUM NULLTARIF

Neues entdecken und den Geldbeutel schonen

SPAREN

Kunst für lau

Durch das Engagement der Kunstvereinigung Wasgau kommen Sie in den Genuss, die wechselnden Ausstellungen moderner Kunst in der *Galerie N* in Dahn bei freiem Eintritt zu genießen → S. 50

Kneippkur mit Musik

Wassertreten regt den Kreislauf an: Im *Kurpark* in Bad Bergzabern können Sie die Kneippanlagen ganzjährig kostenlos benutzen – während der Sommersaison sogar mit musikalischer Begleitung → S. 84

Der Gipfel der Pfalz

Kelten siedelten etwa 150 v. Chr. auf dem 687 m hohen *Donnersberg.* Auf dem Keltenweg lässt sich viel Geschichtliches erfahren. Vom *Ludwigsturm* aus erleben sie einen weiteren sehenswerten Höhepunkt – eine wunderbare Aussicht, die nichts kostet (Foto) → S. 36

Aussichtsreiche Stätte

Die einstigen Besatzer haben in Bad Dürkheim-Ungstein Sehenswertes hinterlassen. Auf dem Weilberg im *Freilichtmuseum Römerkelter* sind die gut erhaltenen und restaurierten Reste eines römischen Weinguts bei freiem Eintritt zu sehen. Von hier aus haben Sie einen wunderschönen Blick auf die idyllische Rheinebene → S. 67

Größte Burgruine Deutschlands

Die *Burg Lichtenberg,* etwa im Jahr 1200 erbaut, hat das ganze Jahr über für Besucher geöffnet, der Eintritt ist frei. Das Bauwerk ist in einigen Teilen noch gut erhalten. Hier sollten Sie unbedingt den 33 m hohen Turm erklimmen – die Aussicht ist grandios. Und übernachten können Sie hier auch: in einer schönen Jugendherberge → S. 41

Lernen macht Spaß

Der *Geokulturpfad* bei Obermoschel besteht aus 30 Erlebnisstationen – gratis. Auf der Weitsprunganlage messen Sie sich mit den Tieren des Walds, und haben Sie schon mal mit einem Baumtelefon telefoniert? → S. 44

Diese Punkte zeichnen in den folgenden Kapiteln die Best-of-Hinweise aus

TYPISCH PFALZ
Das erleben Sie nur hier

Kohls Leibspeise
Ohne den Kanzler der Deutschen Einheit wäre das Pfälzer Nationalgericht, der Saumagen, nicht in aller Munde – auch über die Grenzen hinaus. Ihn zu probieren ist immer ein Erlebnis – in der klassischen Variante genauso gut wie mit Kastanien. Einen der besten macht die *Metzgerei Hambel* in Wachenheim → S. 68

Feste feiern
Wer bei seinem Urlaub in der Pfalz nicht wenigstens ein Weinfest besucht hat, hat die Pfalz in seiner Ganzheit nicht erlebt. Dabei sind es auch die kleineren, die ganz besonderen Charme haben. Etwa das *Kalmitweinfest*in Ilbesheim mitten in den Weinbergen → S. 85

Auf vielen Wegen
Wenn Sie gern wandern, sind Sie in der Pfalz genau richtig. Mehr als 12 000 km markierte Wege gibt es im Pfälzerwald, dem größten zusammenhängenden Waldgebiet Deutschlands. Besonders schön: die *Prädikatsfernwege* → S. 104

Geschichtsträchtige Mauern
Wenn Steine erzählen könnten, gäbe es in der Pfalz einiges zu hören. Etwa von Kaiser Friedrich Barbarossa und anderen Promis früherer Zeiten, die hier ihre Spuren hinterlassen haben. Eine der größten und sehenswertesten Burgen ist die *Madenburg* bei Eschbach → S. 84

Rote Teufel
In Kaiserslautern schlägt das Herz der Pfälzer Seele – im Fritz-Walter-Stadion, auf dem einst nahezu uneinnehmbaren *Betzenberg,* wo die Kicker des 1. FC Kaiserslautern zu Hause sind. Die Atmosphäre im Stadion – einmalig! → S. 53

Das größte Fest der Welt
Ausnahmezustand in Bad Dürkheim: Zwei Wochen im September dominiert der *Wurstmarkt* den sonst eher beschaulichen Ort. Er lockt jährlich mehr als eine halbe Million Besucher an, nicht zuletzt mit seinem großen Angebot an Spitzenweinen. Wenn Sie zu dieser Zeit in der Pfalz zu Gast sind, müssen Sie wenigstens einmal dort gewesen sein (Foto) → S. 25

BEST OF ...

SCHÖN, AUCH WENN ES REGNET

Aktivitäten, die Laune machen

REGEN

Tierschauen im Trockenen

Wenn das Wasser von oben kommt, schauen Sie, was Tiere machen, die ohne es nicht leben können. Im *Sealife* in Speyer etwa. Auf dem Trockenen hingegen sitzen Echsen und Co. im *Reptilium* in Landau → S. 108, 83

Süße Freuden

Wie Nikoläuse, Osterhasen und andere Schokoleckereien „geboren" werden, erleben Sie bei den Schokoladen-Experten von *Wawi* in Pirmasens – inklusive Kostprobe → S. 60

Zeigt her eure Füße

Große Auswahl in der Schuhmetropole Hauenstein – hier gibt es alles, auch zu Outletpreisen, was Füße begehren. Sehenswert: die gläserne Schuhfabrik im *Schuhmuseum* → S. 51

Schauen und Staunen

Es regnet und Sie haben trotzdem was vom Tag: Kunst und Kultur gibt es im *Historischen Museum* in Speyer zu sehen (Foto) – von dort lohnt ein Abstecher ins *Technik Museum,* wo neben vielen motorisierten Exponaten auch ein A 340 zu besichtigen ist → S. 89, 109

Shopping-Mall am Rhein

Ludwigshafen, Heimat von BASF, macht sich auch als Einkaufsstadt einen Namen: In der *Rheingalerie* mit 130 Geschäften auf 30 000 m^2 entspannen Sie nach dem Extreme-Shopping bei einem Kaffee mit Blick auf den Rhein → S. 68

Vorhang auf

Großes Schauspiel auf den Bühnen der Pfalz. Das *Pfalztheater* in Kaiserslautern oder der *Pfalzbau* in Ludwigshafen zeigen Klassiker ebenso wie Ausgefallenes → S. 55, 68

ENTSPANNT ZURÜCKLEHNEN

Durchatmen, genießen und verwöhnen lassen

ENTSPANNT

Dampf ablassen

Ein heißer Aufguss kann manchmal Wunder wirken. Etwa in der Saunalandschaft im Freizeitbad *La Ola* in Landau. Aber auch in Dahn, im *Felsland Badeparadies,* kommt man ganz schön ins Schwitzen → S. 83, 49

Mit ein oder zwei PS auf Touren

Ein Hauch Nostalgie versprühen *Fahrten mit der Kutsche*, z. B. mit den vom Weingut Kreuzhof in Freinsheim angebotenen Touren – es gibt viel zu sehen. Wein und Kulinarisches fehlen meist nicht → S. 78

Schäume und Träume

Raus aus dem Wein- und Wanderparadies, rein in eine exotische Welt – bei einem entspannenden Badeerlebnis der exotischeren Art im *Hamam* in Bad Dürkheim → S. 66

Kleine Oase

Hinter dichten Baumreihen offenbart sich bei Schönenberg-Kübelberg mit dem *Ohmbachsee* eine Wasserlandschaft zum Träumen. Hier ist es ruhig und idyllisch – ein perfekter Platz für entspanntes Faulenzen und ein Sonnenbad → S. 42

Leinen los

Lassen Sie sich auf einer ausgiebigen *Rhein- und Hafenrundfahrt* zwischen Ludwigshafen und Mannheim durch beeindruckende Schleusen und in entlegene Winkel fahren und erleben Sie reine Hafenromantik → S. 108

Blühende Landschaften

Die *Gartenschau* in Kaiserslautern (Foto) macht jährlich ihrem Namen alle Ehre und zeigt prächtig blühende Farbenvielfalt. Direkt daneben befindet sich der *Japanische Garten* als weiteres Landschaftskunstwerk. In den harmonischen Anlagen fällt es nicht schwer, den Alltag hinter sich zu lassen und einmal richtig zu entspannen → S. 53, 54

AUFTAKT

ENTDECKEN SIE DIE PFALZ!

Die Sonne zeigt sich langsam am Himmel und taucht die noch sattgrünen Rebenblätter in ein mildes Licht. Die Luft ist feucht und dampft in der sanft aufsteigenden Hitze zwischen den Zeilen im ***Weinberg***. Das Gras auf dem Boden ist nass, und auf den Blättern liegen Tautropfen. Die Stille wird nur durchbrochen von ein paar fleißigen Arbeitern, die mit Scheren und Eimern ***zwischen den Trauben*** hantieren. Kinder bringen eifrig die gefüllten Behälter zum Hänger; aus der Entfernung sieht es so aus, als würden Ameisen über eine Wiese krabbeln – es ist Lesezeit. Und die Pfalz ist in ihrem Element.

Im Herbst präsentiert sich die Region von ihrer schönsten Seite, in der Hauptlesezeit zwischen Mitte September und Ende Oktober. Die Winzer haben jetzt die meiste Arbeit, Touristen haben die beste Zeit erwischt, um in der Pfalz Urlaub zu machen. Im zweitgrößten der 13 deutschen Weinanbaugebiete werden in dieser Zeit die Gästebetten knapp. Der Wein, die ***Haupteinnahmequelle*** der Pfalz, wird das nie. Ungefähr 2,5 Mio. hl Ertrag liefern die schätzungsweise 100 Mio. Rebstöcke, jede dritte Flasche des in Deutschland produzierten Weins stammt damit aus der Pfalz. Und ein großer Teil davon wird auch von den Pfälzern getrunken.

Im Pfälzerwald trifft man häufig auf bizarr verwitterte Felstürme

Mehr als 200 Feste werden in der Pfalz im Jahr gefeiert

Zum Beispiel auf einer Vielzahl von ***Weinfesten***, die von April bis September in nahezu jeder Gemeinde entlang der ***85 km langen Weinstraße*** an der Mittelhaardt und in der Südpfalz, dem touristischen Herzstück der Region, gefeiert werden. Mehr als 200 Feste gibt es hier im Jahr – es wird nahezu keine Gelegenheit ausgelassen, einen Schoppen zu trinken. Der ist mit einem Fassungsvermögen von 0,5 l zwar nicht das Maß aller Dinge, aber der Inbegriff pfälzischer Geselligkeit. Dort, wo man zusammensitzt, kreist das ***Dubbeglas***. Dann ist auch schnell die harte Arbeit vergessen. Nicht nur die im Weinberg: Auch dem Obst- und Gemüseanbau in der Pfalz kommt eine wesentliche Bedeutung als Einnahmequelle zu.

Eine weitere ist der Tourismus. Etwa 1,6 Mio. Besucher kommen jährlich in die Pfalz, ein Viertel davon aus Deutschland. Sie schwärmen natürlich nicht nur während der

55 v. Chr.
Die Römer herrschen über das Gebiet der heutigen Pfalz

83 n. Chr.
Im Rahmen einer römischen Verwaltungsreform wird die Provinz Germania Superior gebildet. Die gesamte Pfalz, bis auf den westlichen Teils des heutigen Landkreises Pirmasens, gehört dieser Provinz an

260
Durch ständige Kämpfe gegen germanische Stämme geschwächt, geben die Römer das Land zwischen Rhein und Donau auf und ziehen sich an den Rhein zurück. Dadurch entstehen u. a. bei Speyer und Germersheim „Limes-Kastelle"

etwa zweimonatigen Weinlese über die Pfalz aus. Das ganze Jahr über ist die Region ein beliebtes Reiseziel. Denn sie hat weit mehr zu bieten als hervorragenden Wein und kulinarische Genüsse. Die Region erweist sich als äußerst vielseitig, ist landschaftlich abwechslungsreich und hat nicht nur für Genießer, sondern auch ***für Aktivurlauber*** beste Möglichkeiten für außergewöhnliche Ferien.

Mit gerade einmal 5500 km^2 Fläche ist die Pfalz im Südwesten Deutschlands, wo sie im Süden ans Elsass, im Westen an das Saarland, im Norden an den Hunsrück und im Osten an Hessen und Baden grenzt, etwa doppelt so groß wie das Saarland, also nicht besonders groß. Umso erstaunlicher ist die Vielzahl der ***Naturschauspiele***, die Sie auch jenseits der Weinstraße, im Pfälzerwald oder im Nordpfälzer Bergland, erleben können. Wie an der Schnur gezogen scheint die Grenze zwischen den Vegetationen zu sein: dem ertragreichen Wein-, Obst- und Gemüseanbau auf der einen Seite und den dichten Waldflächen, die kaum einen Sonnenstrahl auf den Boden lassen, auf der anderen. Hier haben bizarre Felsgebilde, die über Zehntausende von Jahren entstanden sind, ihre Heimat, die ***abenteuerliche Reviere für Kletterer*** bieten oder Aussichtsplattformen für Wanderer sind. Massive Sehenswürdigkeiten sind auch die zahlreichen ***Burgen*** in der Pfalz, die von mittelalterlichen Zeiten erzählen. Kirchen, Mauerreste und alte ***Fachwerkhäuser*** stimmen in diesen Dialog ein.

Vielfältige Naturschauspiele überraschen

Was in der Pfalz vor allem fließt, ist der Wein. Wasser hingegen gibt es weniger. Keine 2 Prozent der Fläche machen Gewässer aus. Dennoch haben Wassersportfans hier

496 König Chlodwig schlägt die Alemannen, die Franken kommen in die Pfalz

1029 Konrad II. beginnt mit dem Bau des Kaiserdoms in Speyer

1214 Das Haus Wittelsbach wird bestimmende Kraft in der Region

1816 Nach den Napoleonischen Kriegen fällt die Pfalz als Rheinkreis an Bayern

1832 30 000 Menschen demonstrieren beim Hambacher Fest für demokratische Rechte

gute Bedingungen. Vor allem rund um Speyer, wo etliche ***Altrheinarme*** und Baggerseen ideale Gebiete für ***Surfer oder Segler*** sind. Auch Wasserskiartisten oder Jetskifans können hier durchs Wasser pflügen. Alsenz, Lauter, Queich und Speyerbach heißen die einzig noch erwähnenswerten Flüsschen zwischen üppigen Wiesen, Feldern und Tälern – und natürlich der Glan. Auf ihm können Sie die Pfälzer Natur vom ***Kanu*** aus erleben.

Abenteuerferien und schöne Zoos warten auf Familien

Region für Genießer, Landschaft mit vielen Sehenswürdigkeiten – natürlichen und solchen, die mit unglaublicher Mühe von Menschenhand vor Hunderten von Jahren gewachsen sind –, darauf verlässt man sich in der Pfalz als touristische Zugpferde nicht allein. Und das kommt vor allem Familien zugute, die hier ***Abenteuerferien*** auf dem Reiter- oder Bauernhof, umgeben von vielen Tieren, machen können. Es gibt aber noch mehr: eine Reihe von Attraktionen zum Schauen, Staunen und Mitmachen. ***Moderne Spaßbäder*** mit Riesenrutschen gehören dazu, Indoor-Spielparks und Abenteuerspielplätze, einige schöne Zoos, ein ***Reptilium*** in Landau, das Sealife in Speyer mit vielen bunten Fluss- und Meeresbewohnern oder das ***Dynamikum*** in Pirmasens.

Anpacken muss ein Großteil der 1,4 Mio. Einwohner in der Pfalz nicht nur in den Bereichen Wein-, Obst-, Gemüseanbau und Tourismus. Bedeutendste Arbeitgeber sind daneben das BASF-Chemiewerk in Ludwigshafen und die Daimler-LKW-Herstellung in Wörth am Rhein. Und dennoch wird immer wieder deutlich, wie sehr die Pfalz auch von Urlaubern abhängig ist. Wenn es im Frühjahr milder wird und die ersten Touristen kommen, erleben Hotels, Pensionen, Restaurants und Weinstuben einen Boom. Auch die Winzer merken, dass der Absatz ihrer Weine anzieht. Eines muss man den Pfälzern dabei immer zugutehalten: Sie bleiben sich selbst und ihren Traditionen treu. Das ist schon seit 2000 Jahren so, als einst die ***Römer*** kamen und den Weinbau mitbrachten, der seither Lebensader der Region ist. Und wie

Wein ist die Lebensader – und die Seele der Pfalz

1906 In Ludwigshafen öffnet das erste Kino der Pfalz

1921 Eine Explosion im Stickstoffwerk Oppau der BASF fordert 561 Tote, rund 2000 Verletzte und zerstört den Stadtteil Oppau in Ludwigshafen weitgehend

1929 Im Februar ist der Rhein so stark zugefroren, dass die Menschen den Fluss zu Fuß überqueren können

1954 Die Pfalz im Freudentaumel: Mit fünf Spielern des 1. FC Kaiserslautern wird die deutsche Fußballnationalmannschaft Weltmeister

In der Wassergasse in Annweiler am Trifels: Hier macht Bummeln Laune

wichtig Traditionen sind, zeigt sich vor allem im Weinbau. Zwar gibt es immer mehr ***junge Winzer***, die versuchen, dem globalen Verlangen nach einer bestimmten Art von Weinen gerecht zu werden und mit neu erworbenen Kenntnissen oder modernen Hilfsmitteln dem Mainstream zu folgen. Aber längst nicht alle, schon gar nicht die Mehrzahl der älteren Winzer, machen diesen Trend mit. Sie erzeugen ihren Wein auch heute noch so, wie sie es schon immer gemacht haben. Dabei trennt sich natürlich die Spreu vom Weizen. Auf der einen Seite gibt es die Kreativen, die ***wahre Künstler*** im Weinberg, die auf Qualität Wert legen – auf der anderen Seite solche, die lediglich viel Ertrag wollen. Sie können das in einer ungeheuren Vielfalt schmecken – bei einem Urlaub in der Pfalz, bei dem Sie dem Gefühl erliegen werden, bei Freunden willkommen zu sein ...

1982
Der neue Bundeskanzler ist ein echter Pfälzer: Dr. Helmut Kohl (CDU) wird am 1. Oktober vereidigt

1990
Michael Gorbatschow, einer der Wegbereiter der deutschen Einheit, wird bei einem Pfalzbesuch gebührend gefeiert

2015
Die BASF in Ludwigshafen wird 150 Jahre alt. Der Konzern ist weltweit eines der größten Chemie-Unternehmen und mit fast 50 000 Mitarbeitern wohl größter Arbeitgeber der Region. Die Landesgartenschau in Landau wird feierlich eröffnet – ein Jahr später als geplant

IM TREND

1 Genuss-Sensorik

Tanz für den Gaumen Wie kommt der Pfirsich in den Riesling? Welcher Wein zu welcher Schokolade? Ein Chardonnay zum Käse? Und schmeckt man wirklich den Boden, auf dem der Wein gewachsen ist? Fragen, denen immer mehr Menschen auf den Grund gehen möchten und aus denen Sinnesphysiologen und Experten in Sensorikseminaren wie z. B. *Michlers Weinerlebnisse (Römerplatz 13 | www.weinsensorik.de)* in Bad Dürkheim oder *genusstur (www.genusstur.de)* in Venningen eine genüssliche Wissenschaft machen.

Skurrile Aktivitäten

Ein bisschen schräg Die Pfälzer sind für ihren außergewöhnlichen Humor bekannt, der sich u. a. in ungewöhnlichen Freizeitaktivitäten niederschlägt. Wenn alljährlich im Juli beim *Brezelfest (www.brezelfest-speyer.de)* in Speyer Dirndl getragen werden, geht es vor allem um den Run auf den Weltrekord, der darauf angelegt ist, besonders viele Menschen in Dirndl-Tracht in ein Festzelt zu bekommen. An den 2013 aufgestellten Weltrekord, mit dem der Stadt der Eintrag ins Guinnessbuch gelungen ist, versuchen die Domstädter alljährlich anzuknüpfen. 2014 wurde mit viel Spaß und Engagement immerhin der weltweite Rekord der längsten Dirndl-Lederhosen-Polonaise in Speyer aufgestellt. Klappradfahren ist in. Der *Pfälzer Klappverein* in Dudenhofen hat es zu einem sportlich ausgefallenen Hobby besonderer Art gemacht, der zum Schwitzen treibt. Einmal im Jahr geht es ohne Schaltung (!) und mit Oberlippenbart (ganz wichtig) beim *Kalmit Klapprad Cup (www.kalmit-klapprad-cup.de)* auf 700 Meter Höhe. Motto: Tanz der Scharniere, Teilnahme in Kostümen ist ausdrücklich erwünscht. Beim *World Klapp (www.world-klapp.de)* treten die Klapprad-Freunde freiwiliig auch schon mal 24 Stunden in die Pedale.

2

In der Pfalz gibt es viel Neues zu entdecken. Das Spannendste auf diesen Seiten

Pfälzer Design

3

Sehr anziehend Das wohl bekannteste Pfälzer Modelabel ist *Schumacher (bei Engelhorn | Mannheim | www.dorothee-schumacher.com) (Foto)*: Moderne, tragbare Trendmode für Frauen steht hier im Fokus. Freche Mode made in der Pfalz präsentiert auch *Marina Furin Lederdesign (www.moi-dasch.de)*, die mit ihrer Marke Moi Dasch (Pfälzer Dialekt für „Meine Tasche") die Accessoirewelt von Pirmasens aus aufwirbelt. Auf Kundenwunsch entstehen trendige Einzelstücke aus Leder und Stoff ganz individuell. 2015 wurde die Designerin von der Stadt ausgezeichnet. Denn sie legt Wert darauf, mit Produzenten und Dienstleistern aus der Region zusammenzuarbeiten.

Nachhaltig

4

Mit gutem Beispiel voran Das spießige Image sind die Schrebergärten los. Jetzt garteln auch die Jungen fleißig mit. Denn selbst gezogene Tomaten schmecken nicht nur besser, die Arbeit in der Natur macht auch glücklich. Die Gemeinschaft am *Lohgarten (Am Lohgraben 40 | Landau)* setzt auf Biogärten und gibt Tipps in Sachen Gemüseanbau und Blumenpflege. Alljährlich im März gibt's bei den Aktionswochen rund um den Donnersberg *(www.slowfood.de/slow_food_vor_ort/pfalz)* in verschiedenen Restaurants etwas Besonderes – das Glanrind, das vor allem auch in der Pfalz seine Heimat hat und wichtiger Teil des Slow-Food-Trends ist. Denn es kann auf ertragsarmen Flächen weiden, wird behutsam und mit viel Zeit aufgezogen. Die Schlachtung erfolgt stressfrei und schonend. Hinzu kommen kurze Transportwege. Das Fleisch zeichnet sich durch feine Marmorierung und zartes Aroma aus.

FAKTEN, MENSCHEN & NEWS

ANONYME GIDDARISCHDE

„Sicher hoscht du recht, wonn du sagscht, dass ders onnerschtwu a gfallt; awwer onnerschtwu is onnerscht, und halt net wie in de Palz" – grob übersetzt: auch andere Fleckchen Erde sind ganz schön, aber überall ist es anders und halt nicht wie in der Pfalz. Die *Anonyme Giddarischde* sind eine von diversen Pfälzer Bands, die nicht nur den Dialekt pflegen, sondern auch ihrer Liebe zur Pfalz Ausdruck verleihen. In den Charts spielen die weniger eine Rolle, aber wenn Sie die Gelegenheit haben, Musik von *Van de Palz* zu lauschen oder auf einem Weinfest Gruppen wie die *Latwerch Bänd* live zu erleben, sollten Sie sich deren mitreißenden Auftritt nicht entgehen lassen.

BURGEN & SCHLÖSSER

Man kommt nicht um sie herum: Manchmal sind es nur karge Mauerreste, zuweilen mächtig emporragende Stumpen, andernorts sind es beeindruckende und gut erhaltene Mauern – Zeugen längst vergangener Zeiten. Burgen und Schlösser in der Pfalz finden sich zahlreich in der Region entlang der Weinstraße und im Pfälzerwald. Einst gab es schätzungsweise 500 dieser eindrucksvollen Bauwerke. Um sie ranken sich spannende Geschichten und Wahrheiten. Einige von ihnen sind so gut bewährt, dass man noch heute einen tieferen Einblick in das einstige Leben im Mittelalter erhält. Kerker, Küche und Co. sind dabei faszinierende und oft auch geheimnisvoll wirkende Relikte.

 Bild: Kaiserbrunnen in Kaiserslautern

Fußball, Kelten, Elwetritsche: Historisches, Modernes, Traditionen und erstaunliche Persönlichkeiten prägen die Pfalz

DIALEKT

Hochdeutsch können sie auch, die Pfälzer. Sie reden aber am liebsten so, wie ihnen der Schnabel gewachsen ist. Und das gleicht dann einem melodischen Singsang, hat etwas von Swing und klingt meist fröhlich – auch wenn Sie nichts verstehen. Mit dem Dialekt der Region befassen sich schon Wörterbücher – für alle, die die Pfälzer besser verstehen wollen; zum Nachlesen empfohlen: „Kleines Pfälzisches Wörterbuch" von Rudolf Post.

DUBBEGLAS

Das Maß der Pfälzer. 0,5 l fasst das konisch geformte Glas mit den typischen ausgeschliffenen Einbuchtungen. Über deren Herkunft scheiden sich die Geister. Die einen sagen, die *Dubbe* (Tupfen) gibt es deshalb, damit einem das Glas nicht aus der Hand rutscht. Die anderen sagen, deren Existenz stammt von der Zahl der Schubkarchstände der Winzer beim Bad Dürkheimer Wurstmarkt. Einig sind sie sich aber in einem: Wein muss rein in die Dubbegläser ...

ELWETRITSCHE

In weinfröhlicher Stimmung macht so mancher Jagd auf sie – die Elwetritsche. Die Meinungen gehen auseinander, wie dieses Fabelwesen wohl aussehen mag, das seit Jahrhunderten durch die Pfalz geistert: Einen sehr langen Schnabel soll die Elwetritsche haben, einen viel zu langen Hals und Flügel, mit denen das Tier nicht fliegen kann, weil es viel zu klein ist. Besonders wird die Elwetritsche auch dadurch, dass sie sich der Umgebung anpasst. Lebt sie am Hang, hat sie unterschiedlich lange Beine, um die Schräge ausgleichen zu können. Je nach Jahreszeit wechselt sie ihr Kleid – Federn oder Fell sind dann angesagt. Die Elwetritsche beflügeln so sehr die Pfälzer Phantasie, dass ihnen viele Denkmäler gewidmet wurden. Die weinselige, feucht-fröhliche Jagd auf die geisterhaften Wesen jedoch war bisher noch nie erfolgreich.

ERDÖL

Man denkt sofort an Riesling, Dornfelder und geschmackvolle Burgunderweine, die die Pfalz hervorbringt. Doch da, wo beste Rebsorten gedeihen, mitten in den Weinbergen, gibt es einen weiteren wertvollen Rohstoff, von dem man erst einmal nicht vermuten würde, dass sich dessen Förderung hier lohnt: Erdöl. Bei Landau unter der Nußdorfer Scholle lagert das schwarze Gold, mehr als 9 Mio. Tonnen sollen es sein, in 1200–2000 m Tiefe. Die Pferdekopfpumpen sind ständig in Bewegung.

1. FCK

Die Seele der Pfälzer leidet mit diesem Fußballtraditionsclub, der 1963 zu den Gründungsmitgliedern der Fußballbundesliga gehörte und insgesamt viermal Deutscher Meister war. 1954 waren es die Pfälzer Buben Fritz und Ottmar Walter, Horst Eckel, Werner Liebrich

Gute Stimmung, treue Fans: Der 1. FC Kaiserslautern ist mehr als ein normaler Fußballverein

und Werner Kohlmeyer, die den Rumpf der legendären Weltmeistermannschaft von 1954 bildeten, als Ungarn im Endspiel von Bern mit 3:2 bezwungen wurde. Und wenn die Roten Teufel mal verlieren – die Fans bleiben treu. Das zeigt auch die große Anzahl derer, die den Kickern beim Training zuschauen. Und dabei manchmal an Fritz Walter denken, der – heute undenkbar – trotz lukrativer Angebote aus dem Ausland seinem Club treu blieb. Die Trikots der Kicker sind begehrte Souvenirs und neben Schals, Kappen und mehr in den FCK-Shops zu erstehen. *1. FC Kaiserslautern | Fritz-Walter-Str. 1 | www.fck.de*

FEIGEN, KIWIS UND ZITRONEN

Manch einer wird es kaum glauben können, dass Südfrüchte in Deutschland gedeihen. Aber die Pfalz macht es möglich. Fragen Sie auf den Märkten oder bei Erzeugern nach Zitronen, Melonen oder Kiwis aus der Region. Im Juli und August ist Feigenzeit. Dann werden von den schätzungsweise 50 000 Sträuchern in der Pfalz um die 800 000 kg der süß-säuerlichen Frucht geerntet. Sie ist dermaßen begehrt, dass sie während der Saison sogar im Internet gehandelt wird *(www.pfalz.de)*.

FRANZÖSISCHE PFALZ

Heute ist Frankreich, vor allem das Elsass, beliebte Nachbarregion der Pfalz. Das war nicht immer so! Zweimal im Lauf der Geschichte besetzten die Franzosen die rechtsrheinischen Gebiete. Im Zug der Revolutionskriege um 1790 dominierten bis 1816 die Truppen Frankreichs, später, nach dem Ende des Ersten Weltkriegs, fielen westliche Teile der Pfalz nach Verfügung des Versailler Vertrags ebenfalls an die Franzosen. In Landau waren bis 1999 französische Soldaten stationiert.

HÜTTENKULTUR

Der typische Pfälzer Rasthof liegt meist mitten im Pfälzerwald – die Hütte ist zu Fuß oder mit dem Auto erreichbar.

Indigo: Das Jeans-Blau machte von der Pfalz aus Karriere

Wer sie ansteuert, schätzt Pfälzer Spezialitäten zu sehr günstigen Preisen, Gespräche mit anderen und einen guten Schoppen Wein – ein Stück Genusskultur, die man vor allem am Wochenende pflegt.

INDIGO

Seit fast 150 Jahren gibt es den Chemiekonzern BASF in Ludwigshafen, der sich mittlerweile zum weltgrößten entwickelt hat. Was viele nicht wissen: BASF hat das Patent für die synthetische Herstellung des Farbstoffs Indigo. Der macht bekanntlich blau und gibt dem wohl berühmtesten Kleidungsstück seinen An-

Wein ist die Seele der Pfalz – angereichert mit neuestem Wissen aus Übersee

strich: der Blue Jeans. Ein Glück für den deutschen Auswanderer Levi Strauss, der sich zu Goldgräberzeiten 1873 in Kalifornien seine Nietenhosen patentieren ließ, heute Beinkleid Nummer eins.

KELTEN & RÖMER

Aus dem Nachlass dieser beiden Völker stammt der Großteil der Sehenswürdigkeiten der Region. Ab etwa 1000 v. Chr. waren es die Kelten, die die Pfalz besiedelten. Auf dem Donnersberg stand einst eine Stadtanlage, die nach Meinung vieler Experten zu den größten der Welt gezählt hat. 8 km lang waren die Mauerzüge rund um den Berg. Mehrere Tausend Menschen sollen hier hinter den 3 bis 4 m hohen Mauern gelebt haben. Davon ist nicht mehr viel zu sehen. Bei Steinbach wurde ein Dorf rekonstruiert. Die Römer wussten ab der Zeitwende die klimatischen Vorzüge der Pfalz zu schätzen und schufen hier entlang des Haardtrands großzügige Landsitze mit Badetrakten, teils wahren Wellnessoasen. Ausgrabungen belegen die römische Vorliebe für diese Region, in die sie auch den Wein mitbrachten.

PFÄLZER PERSÖNLICHKEITEN

Fast jeder Imbiss-Gourmet kennt ihn: den berühmten Heinz-Ketchup. Aber kaum einer weiß, dass dessen Erfinder Henry John Heinz seine Wurzeln im pfälzischen Kallstadt hat, wo sein Vater geboren wurde. Ein anderer Pfälzer, Johann Adam Hartmann aus Edenkoben, wanderte 1764 nach Kanada aus, um Trapper zu werden, besser bekannt als Lederstrumpf. Und der King of Rock'n'Roll Elvis Presley soll in der zehnten Generation mit dem Winzer Valentin Pressler verwandt gewesen sein. Einer der ganz aktuell als Fußball-Nationalspieler von sich Reden macht, ist Andre Schürrle, Weltmeister und gebürtiger Ludwigshafener.

PFÄLZER WINZER IM AUSLAND

Immer mehr junge Weinbauern wagen den Schritt und sammeln Erfahrungen für eine oder zwei Saisons in Kalifornien, Südafrika oder Chile. In den heimischen Kellern gehen dann die Anbautechniken angesehener Weingüter aus Übersee oftmals eine Symbiose ein mit dem hochwertigen Pfälzer Lesegut und traditionellem Winzerstreben, was dem Weinbau in der Pfalz in den vergangenen Jahren in manchen Bereichen einen Schub gegeben hat – bei geschmeidigen Chardonnays etwa oder dem Sauvignon Blanc.

RINGEN

Goldene Zeiten erlebten einst Pfälzer Bodenkämpfer. Schifferstadt galt über Jahrzehnte als Hochburg der Ringer, die Athleten wie den „Kran von Schifferstadt" Wilfried Dietrich hervorgebracht hat, der 1960 in Rom olympisches Gold errang. Auch Pasquale Passarelli holte Gold. 1984 in Los Angeles. Groß geworden ist er in Ludwigshafen.

SLEVOGT, MAX

Die pfälzischen Landschaften haben schon viele Menschen beeindruckt. Einer, der sie mit kraftvoller Pinselführung auf der Leinwand verewigte, war Max Slevogt, der den malerischen Landstrich zu seiner Wahlheimat machte und bis zu seinem Tod 1932 viele Jahre hier verbrachte. Die Kunst des 1868 in Landshut geborenen Malers und Grafikers, der als einer der wichtigsten Vertreter des deutschen Impressionismus gilt, war es, mit leuchtenden Farben auch flüchtige Augenblicke eindrucksvoll festzuhalten – am liebsten unter freiem Himmel.

WEINKÖNIGIN

Noch heute huldigt man in der Pfalz Hoheiten. Seit 1931 wird die Pfälzische Weinkönigin gewählt, um den Pfälzer Wein auch über die Grenzen hinaus zu repräsentieren. Anfangs vertraten die Hoheiten auch den deutschen Wein, weil es aus keinem anderen Anbaugebiet Konkurrentinnen gab. Neustadt an der Weinstraße ist seit Langem Austragungsort der Wahl zur Deutschen Weinkönigin, die beim Winzerfestumzug zum Deutschen Weinlesefest im Oktober ihre Parade erhält. Die Majestäten kommen bei offiziellen Terminen in den Genuss guter Tropfen, kulinarischer Spezialitäten, fahren einen Dienstwagen und lernen Celebrities kennen. Voraussetzungen für eine erfolgreiche Wahl: neben Charme vor allem Weinwissen und Selbstsicherheit.

WELTGRÖSSTES WEINFEST

Zwei Wochen im September herrscht Ausnahmezustand im sonst eher ruhigen Bad Dürkheim. Büros schließen früher, Menschen treffen sich in der Mittagspause auf einen Schoppen Wein, und bei den beeindruckenden Höhenfeuerwerken sind alle Blicke gen Himmel gerichtet – auf dem größten Weinfest der Welt, dem ★ ● *Wurstmarkt in Bad Dürkheim (www.duerkheimer-wurstmarkt.de)*. Er lockt bis zu 600 000 Besucher auf den großen Platz am beschaulichen Kurpark. Bis ins 12. Jh. reicht die Geschichte des Markts zurück, der in Wallfahrten auf den in Sichtweite gelegenen Michelsberg seinen Ursprung hatte. Einzigartig: das große Angebot an hochwertigen Weinen. Denn kein Bad Dürkheimer Winzer lässt sich den Markt entgehen.

ESSEN & TRINKEN

Typisch Pfalz ist rustikal: Hartnäckig hält sich dieser Gedanke zur Küche der Region rund um die Weinstraße, aus der es vor allem der Saumagen zu Weltruhm gebracht hat.

Altbundeskanzler Helmut Kohl machte diese Spezialität – Kartoffeln, Schweinefleisch und Brät zu je einem Drittel in einem Schweinemagen gemischt und anschließend gekocht – international bekannt. Mittlerweile gibt es sogar einen ***Wettbewerb***, bei dem die besten Rezepte prämiert werden.

Es stimmt ja auch: Vieles an der Pfälzer Küche ist deftig und kräftig, so wie die ***Hausmacher Wurst*** und alles, was man aus einem Schwein machen kann. Leberknödel, Bratwurst und Co. sind fester Bestandteil der Speisekarten und kommen immer mit frischem Sauerkraut auf den Teller. Spitzenköche haben sich des Themas aber mittlerweile auf ihre ganz eigene Art angenommen und aus dem ***Urprodukt*** – Rezepte für die Herstellung werden seit Generationen von Großmutter und Mutter weitergegeben – neue Kreationen geschaffen, die sie in ihren Restaurants servieren. Aus der Blutwurst wird dann schnell mal ein Duett oder eine Trilogie aus Praline, Bonbon oder Strudel. Der ***Ideenreichtum*** der Pfälzer Haute Cuisine kennt da kaum eine Grenze. Sie werden überrascht sein, wie aus einer deftigen Speise wie dem ***Saumagen*** eine feine Spezialität werden kann, die unzählige Aromen miteinander vereint. Vorreiter der Szene sind die sechs mit einem Michelinstern ausgezeichne-

Bild: Pfälzer Schlachtplatte mit Saumagen

Ursprünglich deftig und rustikal, hat sich in der Pfalz mittlerweile auch die feine Küche einen Namen gemacht

ten Gastronomiebetriebe in der Pfalz: *Schwarzer Hahn* (s. S. 69) und *Freundstück* in Deidesheim, *Krone* in Herxheim-Hayna, *Steverding's Isenhof* in Knittelsheim, *Alte Pfarrey* in Neuleiningen und *Urgestein* (s. S. 88) in Neustadt.

Aber ganz egal, ob Sie eher bodenständig speisen oder gehobene Küche genießen möchten: Ein ***Viertel Pfälzer Wein*** passt immer, in der gemütlichen Weinstube ebenso wie im Gourmetlokal. Wichtigste Rebsorte der Region ist der Riesling, der ***„König der Weißweine“***, der in der Pfalz auf fast 5800 ha angebaut wird – ***Weltrekord***! Auch die weißen Burgundersorten haben eine große Bedeutung. Fast 40 Prozent der Rebfläche in der Pfalz sind mit roten Trauben bepflanzt, allen voran der Dornfelder. Spätburgunder sowie Portugieser sind weitere wichtige Sorten, mit denen Pfälzer Winzer Jahr für Jahr beim Deutschen Rotweinpreis beachtliche Erfolge erzielen. Sie werden feststellen: Was Weinprofis und ***Sensorikexperten*** gefällt, wird auch Ihren Gaumen freuen.

SPEZIALITÄTEN

Blutwurst – Die Blutwurst schmeckt am besten ganz frisch zubereitet, wie man sie etwa bei Schlachtfesten bekommt. Die Zutaten werden traditionell mit der Hand gemischt: Schwarte, Speck, frisches Blut und allerlei Gewürze. Schließlich wird das Ganze gekocht. Gebacken schmeckt die Blutwurst auch mit Linsen oder als *Gröschteldes mit Gebredelde* (geröstet mit Bratkartoffeln).

Dampfnudeln – Hefeteigspezialität, in der Pfanne zubereitet, erhalten sie ihren knusprigen braunen Boden. Sie werden mit einer süßlichen Vanille- oder einer aromatisch-herben Weinsauce serviert (Foto li.).

Flääschknepp – Fleischknödel aus gemischtem Schweine- und Kalbshackfleisch, die mit Meerrettichsauce auf den Tisch kommen. Und diese Sauce ist nur dann richtig gut, wenn sie richtig scharf ist. Als Beilage dazu gibt es saure Gurken und Salzkartoffeln.

Grumbeersupp mit Quetschekuche – Kartoffelsuppe und Zwetschgenkuchen, oft mit Zucker und Zimt bestäubt: ein echter Pfälzer Klassiker!

Keschde – Esskastanien sind die glänzend braunen Früchte des Pfälzerwalds, ihr Geschmack ist nussig und süßlich. Keschde werden geschält als Beilage zu Wildgerichten gereicht, zur Suppe püriert oder im Ofen erhitzt, bis die Schale aufplatzt. Dann sind sie besonders im Winter eine leckere Knabberei für zwischendurch (Foto re.).

Kesselfleisch – Die Pfälzer Delikatesse wird auch *Metzelsupp'* genannt. In der Brühe, die im Wurstkessel entsteht, werden Bauch- sowie Kopffleisch der Sau, manchmal auch die Innereien, gegart.

Neuer Wein – Neuer Wein oder Federweißer heißt der noch gärende Most, der im Herbst überall entlang der Weinstraße ausgeschenkt wird.

Auf mehr als 23 000 ha wird Wein angebaut, fast fünfmal so groß ist die Fläche, die die etwa 10 000 landwirtschaftlichen Betriebe beackern, was der Pfalz auch den Spitznamen „Gemüsegarten" beschert. Kartoffeln, Spargel, Erdbeeren, Radieschen, Möhren und Blumenkohl gehören zu den wichtigsten Produkten, die vor allem in der Vorderpfalz angebaut werden. Hier sind auch die meisten Obstbaubetriebe beheimatet. Dass neben Äpfeln, Sauerkirschen und Zwetschgen entlang der Weinstraße auch **Feigen**, **Kiwis**, **Melonen** und Zitronen gedeihen, verdankt die Pfalz ihrem milden Klima mit bis zu **2000 Sonnenstunden** im Jahr.

Die Herkunft der Produkte, ein umweltschonender Anbau sowie die kontrollierte Herstellung und Weiterverarbeitung sind wichtige Komponenten in der Genusslandschaft Pfalz. Vom **Biobier** über den Biokaffee bis hin zum Biofleisch oder Honig reicht das Angebot, das in zertifizierten Betrieben zu bekommen ist – fast überall in der Pfalz. Vor allem beim Thema Fleisch setzt man immer mehr auf heimisches Vieh wie zum Beispiel das **Glanrind**, eine traditionelle Rasse des Hausrinds, die überwiegend im Freien gehalten wird, zwischenzeitlich vom Aussterben bedroht war und ein besonders zartes Fleisch liefert.

Frische Fische aus eigenen Gewässern ergänzen den reich gedeckten Pfälzer Tisch. Vor allem Forellen, Saiblinge oder Zander brauchen sich hinter dem Angebot von Küstenregionen nicht zu verstecken. Wo in so vielen Bereichen aus dem Vollen geschöpft wird, haben auch Anbieter besonderer Spezialitäten ihren Platz. In Großfischlingen werden bei *Pfalznudel* **Teigwaren** produziert. Das alleine ist noch nicht die Sensation. Bemerkenswert sind die vielen verschiedenen Formen und Geschmacksrichtungen. Traktoren, Autos, Pferde, Hasen, Ampelmännchen, Gabelstapler und viele Motive mehr finden den Weg ins kochende Wasser, und Basilikum, Knoblauch, Chili und sogar Schokolade oder Marzipan verleihen den Nudeln ein besonderes Aroma.

Das ganz besondere Aroma haben auch die **Edelweinessige** im nahe gelegenen Venningen. In mächtigen Fässern lagern die Flüssigkeiten in einem mystischen Gewölbekeller, durch den der „Essig-Papst" Georg Wiedemann interessierte Besucher auch schon einmal persönlich führt. Sogar im fernen Saudi-Arabien probiert man Wiedemanns Kreszenzen,

Im Café auf der Maximilianstraße in Speyer Pfälzer Savoir-vivre genießen

die so klangvolle Namen haben wie etwa „Engel küssen die Nacht" oder „Balsam of Roses".

Nach dem Essen genießen die Pfälzer einen feinen **Edelbrand**, aus heimischem Obst etwa. Die prämierte Destillerie ist meist nicht weit!

EINKAUFEN

Die Pfalz ist ein riesengroßes Einkaufszentrum für alle, die gutes Essen und Trinken schätzen. Vor allem Wein können Sie an der Mittelhaardt und an der Südlichen Weinstraße nahezu an jeder Ecke kaufen. Etwa 3000 Weinbaubetriebe in der Pfalz haben für jeden Geschmack und Geldbeutel etwas in petto. In unzähligen Hofläden können Sie nach kleinen kulinarischen Mitbringseln stöbern, hochprozentig Geschmackvolles finden Sie bei den Pfälzer Edelbrennern. Der Wein ist Pfälzer Aushängeschild, aber auch für ihre Schuhproduktion ist die Pfalz bekannt.

BRÄNDE & SCHNÄPSE

Was darf es sein? Ein original Pfälzer Weinbrand, sanft und aromatisch? Ein Tresterbrand vom Gewürztraminer? Ein Destillat aus den typischen Pfälzer Obstsorten wie Apfel, Kirsche oder Zwetschge? Ein Wildfruchtbrand aus Holunder, Sanddorn oder Hagebutte? Oder ein Geist aus Kardamom, Kumin oder Zimt? Sie haben die Qual der Wahl. Denn in den Pfälzer Brennereien finden Sie ein erstaunlich breit gefächertes Angebot edler Destillate, die teils auch in Schmuckflaschen, in die etwa Destillen aus Glas eingearbeitet sind, angeboten werden, zum Beispiel in der INSIDER TIPP *Edelobstbrennerei Scherner (Wormser Str. 28 | Weisenheim am Sand | www.scherneredelobstbrennerei.de)*.

ESSIG

Ein gutes Produkt ist die Grundlage für einen guten Essig – und der muss nicht immer sauer sein. Da sind sich Winzer und auch Obstbauern einig. Einige in der Pfalz veredeln ihren Most zu bestem Balsamico oder Apfelessig, die ihren aromatisch-milden Geschmack und die besondere Note oftmals durch die Lagerung in Holzfässern oder gebrauchten Barriques erhalten. Viele Wein- und Obstbauern bieten auch die säuerlichen Spezialitäten an, Aperitif- und Trinkessige gibt es aber nur im INSIDER TIPP *Doktorenhof (Raiffeisenstr. 5 | Venningen | www.doktorenhof.de)* beim „Essig-Papst" Georg Wiedemann.

HOFLÄDEN

Fruchtig-süße Konfitüren und Gelees, würzige Pestos, Hausmacherwurst in Dosen oder frisches Obst finden Sie fast in jedem Ort. Dort, wo die Hoftore ge-

Wein und Kulinarisches gibt's entlang der Deutschen Weinstraße, und im Pfälzerwald werden hochwertige Schuhe hergestellt

öffnet sind und Tafeln über das Angebot informieren, können Sie einkaufen. Wie ein Musterbeispiel wirkt *Zürkers Hofladen (Neustadter Str. 14 | www.zuerkers-hofladen.de)* in Dudenhofen. Neben einer Vielzahl frischer, saisonaler Produkte werden hier auch Schnapsproben angeboten.

PFÄLZER KISTEN

Produkte aus der Pfalz, um die Pfalz und über die Pfalz gibt es beim *Pfalzmarketing (Martin-Luther-Str. 69 | Neustadt | www.pfalz.de)*. In schönen Holzkisten sind Weine mit Büchern und Pralinen, Feigenprodukten oder Marmeladen, Kastaniennudeln, Bränden, Apfelprodukten oder Senf verpackt. Schöne Erinnerung an den Pfalzurlaub.

SCHUHE

Die Pfalz ist in Sachen Mode nicht New York, Mailand, London oder Paris. Hübsche und qualitativ hochwertige Schuhe lohnen trotzdem einen Shopping-Ausflug in den Pfälzerwald, wo einige Geschäfte ihre Ware sogar zum Fabrikpreis verkaufen. Dreh- und Angelpunkt für Ihren Einkaufsbummel ist die Gegend um die Schuhmetropole *Hauenstein,* aber auch in *Pirmasens* bekommen Sie Schuhwerk zu Outletpreisen.

WEIN

Entlang der Weinstraße gibt es in jedem Dorf eine Vielzahl von Winzern, bei denen Sie nur klingeln müssen – schon steht einer Weinprobe nichts mehr im Weg. Direkt beim Weinbauer zu kaufen ist am günstigsten. Zwar gibt es manche Sorten auch im Supermarkt, dort aber meist etwas teurer. Beim Winzer bekommen Sie je nach Abnahmemenge auch Rabatt. Einige Betriebe verkaufen nicht nur Wein, sondern auch Gelees, Brände und mehr, auch im Präsentkorb oder Geschenkkarton.

NORDPFÄLZER BERGLAND

Auf den ersten Blick wirkt das Nordpfälzer Bergland ein wenig verschlafen, fast mystisch. Hier leben die Menschen abseits vom Trubel in den touristischen Hochburgen mit einer bemerkenswerten Gelassenheit.

Hektik ist in dieser Region, deren Hauptorte Kirchheimbolanden und Rockenhausen im Osten sowie Kusel im Westen sind, ein Fremdwort. Aber gerade diese Ruhe macht auch den Reiz dieser eindrucksvollen Landschaft aus – hier bestimmen weite Felder und tiefe Wälder das Bild, ruhige Täler um die beiden wichtigsten Flüsse der Region, Glan und Alsenz, sowie die höchsten Erhebungen der Pfalz. Und über ihnen thront der Donnersberg als Gipfel. Aktive Menschen finden hier ein umfangreiches Freizeitangebot. Wandern, Radfahren oder Nordic Walking – auf ausgedehnten, malerischen Wegen führen attraktive Touren durch die Natur.

KIRCHHEIM-BOLANDEN

(121 D–E4) (*🕮 G4–5*) **Auf den ersten Blick werden Sie nicht vermuten, dass in Kirchheimbolanden einst ein altes deutsches Adelsgeschlecht residierte.**

Kirchheimbolanden bzw. Kibo (7700 Ew.), wie die kleine, am Rand des Zellertals gelegene Stadt im Volksmund heißt, war einst die Sommerresidenz der Fürsten von Nassau-Weilburg. Und deren Name

Bild: Meisenheim

Zwischen Hügeln und Tälern Kelten und Musikanten auf der Spur – ein kleines Paradies für Wanderer und Naturfreunde

ist auch heute noch ein Begriff: Von ihm leitet sich nämlich die Bezeichnung Nassauer her, was so viel wie Schmarotzer bedeutet.

Der zweite Blick fällt zwangsläufig auf die Hinterlassenschaften der einstigen Residenten. Alle Wege führen auf den Schlossplatz im Norden, von dem alle Sehenswürdigkeiten in kurzer Zeit zu Fuß zu erreichen sind: Fachwerkhäuser, gut erhaltene Mauern und geschichtsträchtige Bauwerke. In den verwinkelten Gassen entdecken Sie immer wieder tolle Fotomotive. Von der begehbaren Stadtmauer haben Sie einen guten Überblick über den Ort.

SEHENSWERTES

SCHLOSS UND SCHLOSSGARTEN

Während der Französischen Revolution 1793 zerstört und 1861 vollständig abgebrannt, zeigt das Schloss – 1390 als Burg erstmals urkundlich erwähnt – heute nur noch seine elegante Fassade. Drinnen residieren Senioren. Die grüne Lunge der

Teile der Stadtmauer von Kirchheimbolanden sind wieder zugänglich

Stadt ist der angrenzende und weitläufige Schlossgarten mit schmiedeeisernen Toren, der von seltenen Sträuchern und Bäumen gesäumt ist. Vom Schlossplatz aus ein Katzensprung.

SCHLOSSKIRCHE SANKT PAUL

1740 erbaut, hat die Paulskirche bis heute ihren ursprünglichen Charakter bewahren können. Von außen wirkt sie eher unscheinbar, im Innern ist sie jedoch aufwendiger gestaltet. Hier hat Wolfgang Amadeus Mozart als junger Musiker 1778 für den Hof der Nassau-Weilburger gespielt – auf einer Orgel, die nach ihm benannt wurde und die heute noch zu sehen ist.

STADTMAUER

800 m lang und 8 m hoch, war die Stadtmauer einst der Schutzwall von Kirchheimbolanden. Kein besonders wirkungsvoller allerdings: Ein Großteil fiel kriegerischen Auseinandersetzungen zum Opfer. Während der Altstadtsanierung wurden Teile der Stadtmauer wieder aufgebaut und sind seitdem begehbar. Bei einem Stadtbummel vom Schlossplatz aus stoßen Sie an jeder Ecke auf sie.

ESSEN & TRINKEN

INSIDER TIPP BIERGARTEN SCHILLERHAIN

Das Parkhotel und Restaurant Schillerhain verfügt über einen großen Biergarten mit mehr als 300 Plätzen, der damit wirbt, den längsten Biertisch Deutschlands zu besitzen. Im Parkrestaurant des Hotels wird eine abwechslungs- und ideenreiche Küche geboten. *Schillerhain 1 | Tel. 06352 7120 | www.schillerhain.de | kein Ruhetag* | €

BRAUHAUS AM TURM

Selbst gebrauter Gerstensaft fließt hier wieder seit über zehn Jahren. Und das Naturtrübe hat viele Freunde in der uriggemütlichen Turmschänke, in der schnörkelloses und gutes Essen zu fairen Preisen offeriert wird. *Schlossstr. 1 | Tel. 06352 7000333 | www.brauhaus-am-turm.de | Mo Ruhetag | €*

EINKAUFEN

GRISLY SPIELWAREN

Von außen ein Wohnhaus, innen eine Manufaktur für Teddybären und andere Plüschtiere. Bereits seit 1954 wird hier in Handarbeit Kuschelspielzeug hergestellt, das auch Sammlerwert hat. *Beethovenstr. 1 | www.grisly.de*

AM ABEND

THE MARTINS

In der stilvollen Bar des Hotel Braun können Sie den Abend genussvoll ausklingen lassen – bei einem Glas Wein oder einem erlesenen Whisky. *Mo–Do 19–0, Fr/Sa 19–2 Uhr*

ÜBERNACHTEN

HOTEL BRAUN

Dreisternehotel mit modern eingerichteten Zimmern und kostenfreiem WLAN, ruhig gelegen. Das 2013 komplett renovierte Haus verfügt über eine Wellnessoase mit finnischer Sauna, gefliestem Dampfbad und offenem Kamin im Ruheraum. *40 Zi. | Uhlandstr. 1 | Tel. 06352 40060 | www.hotelbraun.de | €€*

AUSKUNFT

DONNERSBERG-TOURISTIK-VERBAND

Uhlandstr. 2 | Tel. 06352 1712 | Tel. 06352 710239 | www.donnersberg-touristik.de

VERBANDSGEMEINDEVERWALTUNG KIRCHHEIMBOLANDEN

Neue Allee 2 | Tel. 06352 40040 | www.kirchheimbolanden.de

ZIELE IN DER UMGEBUNG

ALBISHEIM (121 E4) (*H5*)

Fast ein wenig verschlafen liegt der kleine Ort im Zellertal, 9 km östlich von Kirchheimbolanden. Albisheim (1690 Ew.) wurde 830 erstmals erwähnt, wovon eine Urkunde zeugt, die im sogenannten Goldenen Buch, einer Urkundensammlung des Klosters Prüm, aufbewahrt wird. Wahrzeichen der Ortschaft ist der 8 m hohe *Wartturm,* ein Rundturm mit 3 m Durchmesser, sehenswert sind auch die *Peterskirche* sowie das spätklassizistische *Rathaus* aus dem frühen 19. Jh. Auch bei Entspannungssuchenden

MARCO POLO HIGHLIGHTS

★ **Pfälzisches Bergbaumuseum Imsbach**
Einblicke ins harte Leben der Bergleute bei einer Führung unter Tage → S. 38

★ **Burg Lichtenberg**
Auf der größten Burganlage Deutschlands genießen Sie herrliche Weitblicke und kommen dem Wandermusikantentum auf die Spur → S. 41

★ **Draisinentouren**
Auf einer Strecke von 40 km gibt es per Fahrraddraisine jede Menge zu entdecken → S. 42

★ **Wildpark Potzberg**
Adler, Geier, Falken und Milane zeigen ihre Flugkünste → S. 42

★ **Rockenhausen**
Kulturelles Zentrum mit Kunstmuseen und dem Pfälzischen Turmuhrenmuseum → S. 43

ist der Ort beliebt: Sie genießen in der *Bibersauna (An der Primhalle 2a | www.bibersauna.de | Eintritt 15 Euro)* die beschauliche und wohlige Atmosphäre.

DANNENFELS (121 D5) *(🗺 G5)*
Obstbäume und Edelkastanien sind die Kulisse für Dannenfels (860 Ew.) am Osthang des Donnersbergs, 9 km südwestlich von Kibo. Das Luftkurort-Dörfchen *(www.dannenfels.de)* ist Ausgangspunkt vieler Wanderwege auf die höchste Erhebung der Pfalz – den Donnersberg. Stärkung gibt es im Hotelrestaurant INSIDER TIPP *Sebastian (Bastenhaus 1 | Tel. 06357 975900 | www.bastenhaus.de | So im Sommer ab 20, in Winter ab 15 Uhr geschl. | €€–€€€)*. Von der Terrasse haben Sie einen herrlichen Panoramablick zum Donnersberg.

DONNERSBERG
(121 D5) *(🗺 F5)*
Mit 687 m ist er das herausragende Massiv der Pfalz, mit dem Königstuhl als Höhepunkt. Der Donnersberg liegt zwischen Kirchheimbolanden und Rockenhausen und entstand vor etwa 280 Mio. Jahren. Sein Hauptplateau wird von einer 8,5 km langen und 4 m hohen Ringwallanlage umzogen, die in der Zeit um 150 v. Chr. errichtet wurde. Sie umfasste damals eine große Stadtanlage und war das Zentrum der in Rheinhessen und der nördlichen Rheinpfalz lebenden keltischen Bevölkerung. Auf einem 25 m langen Stück ist die Mauer rekonstruiert. Auf dem Keltenweg der Anlage erfahren Sie viel über den damaligen Alltag der Kelten auf dem Donnersberg. Auf dem Gipfel steht der *Ludwigsturm*. Wenn Sie die 142 Stu-

BÜCHER & FILME

Elwenfels – Comedian Christian „Chako" Habekost sorgt auf den Bühnen in der Region für Lacher. Zusammen mit seiner Frau Britta schreibt er nun Wissen um die Pfälzer „Highmat-Kunde" nieder (2015). Im Mittelpunkt steht der Hamburger Privatermittler Carlos Herb, den es in den Pfälzerwald in das geheimnisvolle Dorf Elwenfels verschlägt. Der Schnüffler bekommt es mit einer Leiche, den Eigenheiten der Bewohner und natürlich dem Pfälzer Dialekt zu tun

Pfälzer Tapas – Gina Greifenstein ist Krimi-Autorin, schätzt aber auch die deftige Pfälzer Küche. Dass man und wie man aus Saumagen, Handkäse, Blutwurst und Co. leckere Kleinigkeiten machen kann, verrät sie in ihrem Tapas-Buch (2014)

Die Pfalz – Bildband von Markus Knecht und Thomas Schaub (2008). Die Fotografen haben die Urlaubsregion in Motiven festgehalten, die auch das geübte Auge sonst lange suchen muss. Bestechend und beeindruckend sind die Blickwinkel der Kamerakünstler, die Natur und Tageszeit perfekt harmonisieren

Kings of Kallstadt – 2014 schaffte es die beschauliche Pfalz auf die Leinwand. Dokumentarfilmerin Simone Wendel hat sich in Kallstadt an der Weinstraße umgeschaut. Mit diesem Ort werden zwei berühmte Männer verbunden, die hier ihre Wurzeln haben: der amerikanische Unternehmer Donald Trump und Henry John Heinz, Begründer der Ketchup-Firma. Im Film kommen Kallstadter wie auch Donald Trump zu Wort

fen bewältigt haben, genießen Sie von dort oben einen schönen Rundblick über herrliche Natur: weite Teile Rheinhessens sowie das Nordpfälzer Bergland und den Pfälzerwald.

born. Das INSIDER TIPP *Hotel-Restaurant Kölbl (Hauptstr. 3 | Tel. 06303 80790 | www.hotel-restaurant-koelbl.de | Sa mittags geschl., Mo Ruhetag | €€€)* serviert leckere kreative Gerichte und bietet 13 moderne und komfortable Zimmer *(€€)*. Eine Attraktion für Mutige ist der *Waldseilpark K 1 (Di–So 10–19 Uhr | Werner-Liebrich-Str. | www.k1-waldseilpark.de | Preise ab 14 Euro)* in Mehlingen 4 km westlich. In Baumwipfeln und zwischen Stämmen und Ästen beweisen Sie Ihre Klettertauglichkeit. Im gleichen Ort befindet sich der Indoor-Spielpark *Yabadoo (Hauptstr. 86 | Eintritt 6 Euro)*.

Hoch oben auf dem Donnersberg ist der Himmel zum Greifen nah

ENKENBACH-ALSENBORN

(124 C3) *(🗺 F–G7)*

Im Heimatort (6900 Ew.) von Fritz Walter, 29 km südlich von Kirchheimbolanden, in dem ein *Museum (auf Anfrage | Leininger Str. 104 | Tel. 06303 66 96 | Eintritt 3 Euro)* dem Fußballweltmeister von 1954 gewidmet ist, regierten einst Hunger und Not. Um nicht auswandern zu müssen, suchten die Menschen nach Perspektiven, viele verdingten sich als Kleinkünstler: Musikanten, Marionettenspieler, Akrobaten. Von 1870 bis zum Ersten Weltkrieg war deren Glanzzeit, die namhafte Zirkusfamilien wie Althoff oder Traber hervorbrachte. Das Zirkusmuseum *Bajasseum (tgl. 9–18 Uhr | Rosenhofstr. | Eintritt frei)* erzählt ihre bewegte Geschichte von der Gegenwart zurück bis zu den Anfängen in Alsen-

GEOPARK DACHSBERG

(121 E5) *(🗺 H5)*

Fast wie eine Mondlandschaft wirkt der Geopark Dachsberg bei Göllheim, 10 km südlich von Kirchheimbolanden. Im ehemaligen Steinbruch bekommen Sie einen gewaltigen Einblick in die Zeit vor 25 Mio. Jahren. Der Park ist ganzjährig frei zugänglich, Wissenswerte erfahren sie auf Hinweistafeln. *Info-Tel. 06352 1712 | www.donnersberg-touristik.de*

HETTENLEIDELHEIM

(121 E6) *(H6)*

Es muss sich schon um eine ziemlich ruhige Landschaft handeln, wenn sich hier, in der *Erdekaut*, durch die sich der

Psst - nicht den Eisvogel stören ...

Panoramaweg um Hettenleidelheim (3030 Ew.), 18 km südlich von Kirchheimbolanden, bahnt, Eisvögel blicken lassen. 20 km lang ist der Wanderweg, den Sie bei Bedarf auch gut abkürzen können. Herrliche Panoramablicke und reichhaltige Natur bieten sich Ihnen, Kinder toben sich auf dem größten Sandspielplatz in Rheinland-Pfalz mit Riesenrutsche aus. Das *Heimatmuseum Hettenleidelheim (Di 18–19 Uhr u. nach Vereinbarung | Hauptstr. 42 | Tel. 06351 4 25 86)* gibt Ihnen Einblicke in die Geschichte der Gemeinde bis in die Anfänge des 18. Jhs.

PFÄLZISCHES BERGBAUMUSEUM IMSBACH ★

(124 C1) *(F5–6)*

Das idyllisch gelegene Dorf Imsbach, 25 km südwestlich von Kirchheimbolanden, steht ganz im Zeichen von über zwei Jahrtausenden Bergbau und ist eine Erlebniswelt für sich. Museum, Besucherbergwerke (Weiße Grube und Grube Maria) sowie Wanderwege – hier erleben Sie eindrucksvoll, wie hart und beschwerlich die Arbeit der Bergleute, die hier noch bis Anfang des 20. Jhs. Kupfer-, Silber- und Kobalterze abtrugen, gewesen sein muss. *Ortsstr. 2 | www.bew-imsbach.de | Eintritt ab 4 Euro*

INSIDER TIPP PUPPENSTUBENMUSEUM JAKOBSWEILER

(121 D5) *(G5)*

Etwa 14 km südlich von Kibo bietet Jakobsweiler 60 historische Puppenstuben und seltene Einzelstücke: daumengroße Familien in Alltagssituationen. Da schlagen nicht nur Mädchenherzen höher. *So 14–17 Uhr u. nach Vereinbarung | Rosenweg 3 | Tel. 06357 76 31* oder *Tel. 06357 12 95 | www.puppenstubenmuseum.de | Eintritt 1,50 Euro*

QUIRNHEIM

(121 F5) *(H5)*

Einen Tower, der in einem ausgedienten VW-Bus untergebracht ist, sehen Sie bestimmt nicht alle Tage. In Quirnheim (756 Ew.), 19 km südöstlich von Kirchheimbolanden, aber immer dann, wenn Segelflugzeuge oder kleinere Propellermaschinen abheben. Technikfans kommen nur ein paar Meter weiter auf ihre Kosten. 72 motorisierte Zweiräder und zahlreiche weitere Exponate sind im *Motorrad-Technik-Museum (Kleine Wust 11 | www.motorrad-technik-museum.de | Eintritt 3 Euro)* ausgestellt. Nach dem nostalgischen Erlebnis können sie sich in der Museumsschänke stärken.

STEINBACH

(121 D5) *(G5)*

Ein Blick hinter die meterhohen Palisaden lohnt: Im *Keltendorf (Ende März–Sept. Sa 11–17, So 10–17, in den Schulferien von Rheinland-Pfalz auch Do 15–19 Uhr |*

www.keltendorf-steinbach.de | Eintritt 4 Euro) in Steinbach (750 Ew.), 16 km südwestlich von Kirchheimbolanden, wird der Alltag der Kelten (ca. 800–50 v. Chr.) wieder lebendig – eine Zeitreise der besonderen Art.

STUMPFWALDBAHN (121 E6) *(🕮 G6)*

Am Eiswoog bei Ramsen, 22 km südlich von Kirchheimbolanden, fährt von Ostern bis Oktober jeden Sonn- und Feiertag die *Stumpfwaldbahn (Tel. 06356 8035 | www.stumpfwaldbahn.de)*. Betrieben wird sie von einem Verein, der sich zum Ziel gesetzt hat, alte Feldbahnen zu erhalten. Die Fahrt bis nach Ramsen dauert 20 Minuten und führt über eine 4 km lange und landschaftlich schöne Strecke. Jeden zweiten Sonntag im Monat ist Dampfbetrieb. Der malerisch gelegene *Eiswoog,* ein See, an dem Sie auch Ruderboote mieten können, liefert die wichtigste Zutat für die geschmackvollen Fischkreationen aus der Küche des Restaurants *Seehaus Forelle (Eiswoog 1 | Tel. 06356 60880 | www.seehaus-forelle.de | kein Ruhetag | €€)*. Die Gerichte sollten Sie unbedingt probieren.

ZELLERTAL (121 F4) *(🕮 H5)*

Im Osten von Kirchheimbolanden liegt das nördlichste Weinbaugebiet der Pfalz. Zahlreiche bemerkenswerte Weingüter sind rund um die harmonisch eingebettete Panoramastraße und den Wanderweg *Schwarzer Herrgott*, die bedeutendste Weinlage des Tals, angesiedelt. Von hier aus genießen Sie ein ausgedehntes Panorama über den Donnersberg und bis zur Rheinebene. Bemerkenswert sind auch die Weine, die Sie z. B. im Weingut *Janson Bernhard (Hauptstr. 5 | Zellertal-Harxheim | Tel. 06355 1781 | www.jansonbernhard.de)* probieren können. Eine typische Dorfwirtschaft ist das *Gasthaus Lind (Bubenheimer Str. 1 | Zellertal-Harxheim | Tel. 06355 1456 | www.lind-zellertal.de | So abends geschl., Mo/Di. Ruhetage | €)* mit kleinem *Hotel (11 Zi.)*, zu dem auch eine Metzgerei gehört. Auf

Das Dorf Imsbach mit seinen Bergwerken ist auch über Tage sehenswert

der Speisekarte: Pfälzer Spezialitäten, Saisonales wie Glanrind und Fleischgerichte nach „Omas Rezept".

KUSEL

(122 B3) (*🗺 B6*) **Die Stadt (5000 Ew.) weit im Westen des Nordpfälzer Berglands hat zentrale Bedeutung als Dienstleistungszentrum.**

Die zahlreichen Geschäfte der verwinkelten Fußgängerzone in der Altstadt und rund um den Marktplatz lohnen einen Bummel. Den Ort umgibt ein besonderer Charme: Die Innenstadt ist malerisch und gepflegt, den Gegensatz dazu bilden die mit Patina behafteten Zeugnisse der vergangenen Hochzeit des Tuchmacherhandwerks, von dem noch die alte Fabrik steht. 1960 stillgelegt, war sie einst Arbeitgeber für mehr als 300 Menschen, heute dient sie Gewerbe- und Dienstleistungsbetrieben.

SEHENSWERTES

ALTSTADT

Der Marktplatz mit der im klassizistischen Stil errichteten evangelischen Stadtkirche und dem achteckigen Hutmacherbrunnen (1925 zu Ehren des Handwerks eingeweiht) ist einen genaueren Blick wert. Das Rathaus von 1891 mit seinem klangvollen Glockenspiel, das viermal am Tag verschiedene Melodien und um 12.20 Uhr das Kusellied von Fritz Wunderlich spielt, sollten Sie unbedingt besuchen.

HEIMATMUSEUM

In diesem klassizistischen ehemaligen Apothekerhaus finden Sie Ausstellungen historischer Alltagssituationen und das *Fritz-Wunderlich-Zimmer,* das dem großen Sänger und Sohn Kusels, der 1966 starb, gewidmet ist. Fast alle Tondokumente seiner kurzen Laufbahn und seine Kostüme sind ausgestellt. *Di–So 14–17 Uhr | Marktstr. 27 | www.fritz-wunderlich-ges.com | Eintritt frei*

ESSEN & TRINKEN

LANDGASTHOF REMIGIUSLAND

Pfälzisch-deftige Küche steht in dem alteingesessenen Lokal in Altenglan (zehn Autominuten entfernt) im Mittelpunkt. Alle vier Wochen freitags „werd do die Wutz geschlachd". *Glanstr. 21 | Tel. 06381 2431 | www.remigiusland.de | kein Ruhetag |* €–€€

FREIZEIT & SPORT

Elf Nordic-Walking-Parks rund um Kusel bieten vielfältige Strecken mit Übungstipps. Die Region eignet sich gut für Fahrradtouren: auf dem *Lautertal-Radweg* (40 km), dem wildromantischen *Glan-Blies-Weg* (über 130 km) oder dem *Fritz-Wunderlich-Weg* (30 km) auf einer ehemaligen Bahnstrecke. Auch für Wanderer bieten sich beste Möglichkeiten, die Gegend zu erkunden *(www.kuselermusikantenland.de)*.

ÜBERNACHTEN

REWESCHNIER

Dreisternehotel in Blaubach, 2 km nördlich der Kuseler Innenstadt, zu dem auch ein Restaurant mit Pfälzer und internationaler Küche sowie Wild- und Fischspezialitäten gehört. Sauna. *30 Zi. | Kuseler Str. 1 | Tel. 06381 923800 | www.reweschnier.de |* €–€€

AUSKUNFT

TOURISTINFORMATION

Bahnhofstr. 47 | Tel. 06381 424270 | www.kuseler-musikantenland.de

ZIELE IN DER UMGEBUNG

INSIDER TIPP BEDESBACH

(122 C3) (*B6*)

In Bedesbach (800 Ew.), 8 km nordöstlich von Kusel, bietet die *Alte Dorfschmiede (nach Vereinbarung | Ringstr. | Tel. 06381 3137)* die Gelegenheit, das vollständige Inventar von drei Schmiedegenerationen zu betrachten.

Die Burg Lichtenberg bietet neben Kultur- auch Gourmetgenuss

BURG LICHTENBERG ★ ●

(122 B3) (*B6*)

Mit 425 m im Längsschnitt ist die Burg Lichtenberg bei Thallichtenberg, 4 km nordwestlich von Kusel, etwa um 1200 erbaut, die größte Burgruine Deutschlands. Einige Teile sind gut erhalten, das Prunkstück ist der viereckige Turm. 142 Stufen führen zur Spitze des 33 m hohen Turms. Es wartet oben eine wunderbare Aussicht: auf die Burganlage mit dem mittelalterlichen Kräutergarten, auf weite Teile des Nordpfälzer Berglands und des Saarlands. Eingegliedert in die ganzjährig geöffnete Burg *(Eintritt frei)* ist auch eine *Jugendherberge (106 Betten | Tel. 06381 26 32 | www.jugendherberge.de | €)*. Einblick in die Zeit der Wandermusikanten, die um das Jahr 1900 herum aus Armut und Hunger nach Amerika auswanderten und dort Erfolge feierten, wie Georg Drumm am Broadway, gibt das *Musikantenlandmuseum (Öffnungszeiten wie Geoskop | Eintritt 2,10 Euro)*. Tonaufnahmen, Kostüme, Instrumente zeugen von der Kunst der Musikanten, die aus Mangel an Erwerbsmöglichkeiten zu den Instrumenten griffen. In eine Zeit weit davor entführt das Urweltmuseum *Geoskop (tgl. April–Okt. 10–17, Nov.–März 10–12 und 14–17 Uhr | www.urweltmuseum-geoskop.de | Eintritt 2,60 Euro)*, das das Rad der Erdgeschichte um 290 Mio. Jahre zurückdreht, als es in der Pfalz Tropenwälder und Süßwasserseen gab, in denen Haie schwammen. Das *Burgrestaurant (Tel. 06381*

26 33 | www.burglichtenberg.de | Mo Ruhetag | €) bietet regionale und gehobene Kreationen an.

FELSCHBACHHOF (122 C2) *(🕮 B5)*
Kreative Gerichte mit ausgesuchten Zutaten aus der Region genießen Sie im *Ulmet*, 11 km nordöstlich von Kusel. Zum Restaurant gehört ein Hotel, das 36 Zimmer anbietet. *Tel. 06387 9110 | www.felschbachhof.de | kein Ruhetag | €–€€*

INSIDER TIPP **HAUS DER KULINARISCHEN LANDSTRASSE**
(122 A–B3) *(🕮 A–B6)*
Zu dieser regionalen Erzeugergemeinschaft gehören Restaurants, Bäcker, Metzger, Ziegenkäsereien sowie Imkereien, die alle gemeinsam das Ziel haben, hochwertige und frische Produkte durch freiwillige Kontrollen ihrer Kundschaft anzubieten. *Hauptstr. 42 | Konken | 6 km südlich | haus-kulinarische-landstrasse.de*

LAUTERECKEN (123 D1) *(🕮 D5)*
Benannt ist die Stadt (2200 Ew.) 24 km nordöstlich von Kusel nach dem Fluss Lauter, der hier in den Glan mündet. Wahrzeichen von Lauterecken *(www.lauterecken.de)* ist der *Turm* der ehemaligen Grafen von Veldenz; aber auch die *Brücke* aus dem 17. Jh., das *Kriegerdenkmal* mit *Aussichtsturm* und das *Schloss* sind sehenswert.
Lauterecken ist als eine von drei Mietstationen auch Ausgangspunkt für ★ *Draisinentouren (März–Okt. tgl. | Tel. 06381 42 42 70 | www.draisinentour.de | ab 36 Euro pro Tag)* mit Fahrraddraisinen, die zwischen Altenglan und Staudernheim auf 40 km Länge entlang des Glans pendeln. An insgesamt 18 Haltestellen können Gruppen von bis zu vier Personen einen Stopp einlegen, sich die Sehenswürdigkeiten anschauen oder in Gasthöfen einkehren. Das *Lauterecker Brauhaus (Bahnhofstr. 1 | Tel. 06382 85 88 | www.veldenz-braeu.de | April–Okt. kein Ruhetag | €)* ist nicht nur bei Draisinenfahrern beliebt: Hier gibt es dunkle, helle und saisonale Bierspezialitäten, dazu deftiges Essen.

OHMBACHSEE ● (122 B5) *(🕮 B8)*
Hinweisschilder weisen aus allen Richtungen auf den Ohmbachsee *(www.ohmbachsee-glantal.de)* bei *Schönenberg-Kübelberg*, 20 km südlich von Kusel, hin. Wenn das Auto geparkt ist und Sie sich durch die dichten Bäume durchgeschlagen haben, offenbart sich eine Wasserlandschaft zum Träumen. Hier haben Sie Platz für ein entspanntes Sonnenbad, richtig baden können Sie leider nicht. Langweilig wird es dennoch nicht: Wasserspielplatz mit Riesenrutsche, Kneipptretbecken, Tretboot- und Kanuverleih am Seekiosk – für Zeitvertreib ist gesorgt.

WILDPARK POTZBERG ★
(122 C3) *(🕮 C6)*
Auf dem 562 m hohen Potzberg bei Föckelberg, 11 km östlich von Kusel, liegt ein Wildpark mit vielen heimischen Tieren und mit einem Streichelzoo. Die Attraktion des Parks sind die Greifvogelschauen *(März–Okt. tgl. 10–18, im Winter bis 17 Uhr | www.wildpark.potzberg.de | Eintritt 8 Euro)*. Auf dem Potzberg steht auch das höchstgelegene Hotel der Pfalz, das *Residence Schloss Föckelberg (43 Zi. | Auf dem Potzberg 3 | Tel. 06385 9 98 90 28 | www.hotel-residence-schloss-foeckelberg.com | €€)* – natürlich mit einzigartigem Ausblick.

WOLFSTEIN (123 D2) *(🕮 D5–6)*
„Glück auf" heißt es in der Stadt (2000 Ew.) im Lautertal, 24 km östlich von Kusel. Hier ist das *Kalkbergwerk am Königsberg (Ende April–Anfang Nov. So 13–18 Uhr | Bergstr. 2 | www.*

kalkbergwerk.com | Eintritt 4,50 Euro) die Attraktion. Mit einer Grubenbahn gelangen Sie ins Innere des 567 m hohen Königsbergs und erfahren in einer 1,5-stündigen Führung, wie die Arbeit unter Tage war. Unter der Erde werden auch Weinproben durchgeführt.

Wichtigstes Relikt aus dieser Zeit ist der römische Delphinbrunnen im Garten des Heimatmuseums. Es liegt nahe dem Schlossplatz, der nicht gerade groß, aber als Ausgangspunkt für einen Bummel ideal ist. Von hier aus erreichen Sie die verwinkelten Gassen der Innenstadt mit

Kauz Superstar: im Wildpark Potzberg sind Greifvögel die Attraktion

In Wolfstein selbst sind besonders die zahlreichen schmucken Fachwerkhäuser sehenswert, in der Umgebung der Stadt die zahlreichen Burganlagen – wie zum Beispiel *Alt Wolfstein* und *Neu Wolfstein*. *Tourist-Info (Tel. 06304 9130 | www.wolfstein.de)*

ROCKEN-HAUSEN

(120 C5) *(F5)* **Die Stadt ★ Rockenhausen westlich des Donnersbergs (5300 Ew.) kann auf eine lange, bewegte Geschichte zurückblicken, in der auch die Römer eine Rolle spielten.**

Geschäften und Cafés und können einen Abstecher zur Alsenz machen, die sich gemächlich durch den Ort schlängelt. Der dörfliche Charakter zeigt sich auch durch die Baustruktur, in der Hochhäuser nicht vorkommen. Viele kleine Häuser, ein paar davon Fachwerkbauten, prägen das Ortsbild.

SEHENSWERTES

NORDPFÄLZER HEIMATMUSEUM

Hier befindet sich auf zwei Ebenen und einer 450 m² großen Ausstellungsfläche das ganze Spektrum der Vor- und Frühgeschichte: Sie erfahren viel über die Hinterlassenschaften der alten Römer, die mittelalterlichen Burganlagen und die

Geschichte des Bergbaus in der Region. Dokumente und Zeugnisse veranschaulichen das Leben der Menschen im 19. Jh. Vor dem Museum ist eine der schönsten römischen Brunnenanlagen nördlich der Alpen zu sehen, der *Delphinbrunnen* aus dem 2. Jh. n. Chr., in dem das Wasser beruhigend in drei kleine Becken plätschert. Drinnen befindet sich eine Sammlung alter gusseiserner Öfen. *Do und So 15–17 Uhr | Bezirksamtsstr. 8 | Eintritt frei*

PFÄLZISCHES TURMUHRENMUSEUM/ MUSEUM FÜR ZEIT

Über 3 m große Maschinen aus fünf Jahrhunderten sind hier zu sehen, alte Turmuhren, seltene Präzisions- und Gartensonnenuhren, Reisesonnen- und Sanduhren. Im Mittelpunkt der Ausstellung steht die astronomische Uhr, die Auf- und Untergang von Sonne, Mond, Planeten und Fixsternen sowie die Bewegung von über 400 Sternen anzeigt. Echte Rarität: eine klappbare Reisesonnenuhr aus dem 17. Jh. *Di–So 14.30–17.30 Uhr | Schlossstr. 10 | www.museum-fuer-zeit.de | Eintritt frei*

LOW BUDG€T

Auf dem ● *Geokulturpfad (www.donnersberg-touristik.de | www.kuseler-musikantenland.de | Eintritt frei)* bei Obermoschel können Sie auf einer etwa 2 km langen Strecke 30 Erlebnisstationen absolvieren– zum Dazulernen, Mitmachen, Erfahren und Entspannen.

Man könnte das Bad auch für einen natürlichen Bergsee halten, wären da nicht die Stege, die um das Wasser und hinein führen. Auf 15 400 m² verführt das INSIDER TIPP *Naturerlebnisbad Rockenhausen (in der Saison Fr–Mi 10–20, Do ab 8 Uhr | Obermühle | Tel. 06322 9419983 | 3 Euro)* zu naturnahem Schwimmgenuss. Ohne Chemie und Chlor. Ein Kurzurlaub für wenig Geld.

ESSEN & TRINKEN

SCHLOSS-STUBE

Das Restaurant des Schlosshotels empfiehlt sich mit anspruchsvoller Küche und für Weinkenner; auch Liebhaber zünftiger Küche kommen auf ihre Kosten. *Schlossstr. 8 | Tel. 06361 92920 | www.hotelamschloss-rockenhausen.de | Mo/Di Ruhetage |* €€

ÜBERNACHTEN

PFÄLZER HOF

Eine preisgünstige Alternative zum Schlosshotel. Einfach ausgestatte Zimmer. 500 Meter zur Ortsmitte. *14 Zi. | Kreuznacher Str. 30d | Tel. 06361 458980 | www.hotel-pfaelzerhof.de |* €

SCHLOSSHOTEL

Modernes und komfortables Haus. *25 Zi. | Schlossstr. 8 | Tel. 06361 92920 | www.schlosshotel-rockenhausen.de |* €€–€€€

AUSKUNFT

TOURISTINFORMATION

Bezirksamtsstr. 7 | Tel. 06361 451214 | www.rockenhausen.de

ZIELE IN DER UMGEBUNG

ALSENZ (120 C3) (*F4*)

Im Jahr 775 erstmals urkundlich erwähnt, bildet Alsenz (1640 Ew.), 15 km nördlich von Rockenhausen, umzingelt von den ausladenden Hügeln des Nordpfälzer Berglands, das nördliche Tor zur Pfalz. In einem der ansehnlichen Fachwerkhäuser zeigt das *Pfälzische Steinhauermuseum (Mai–Okt. jeden 1. und 3. So im Monat 14–17 Uhr | Am Marktplatz | www.steinhauermuseum.de | Eintritt frei)* die Geschichte der Steinhauerei in all ihren Facetten. In einer angeschlossenen Werkstatt erleben Sie, wie hart der Alltag der Arbeiter einst war.

MEISENHEIM (120 A3) (*D4*)

Die spätgotische Schlosskirche ist das imposante Wahrzeichen des kleinen Städtchens (2790 Ew.) 20 km nordwestlich von Rockenhausen, das in einer Biegung des Glans an der nördlichsten Grenze der Pfalz liegt.

Meisenheim und Umgebung sind von Krieg, Brand und Zerstörung nahezu verschont geblieben, deshalb sind zahlreiche Relikte aus dem 14. Jh. gut erhalten: Fachwerkhäuser, das Rathaus, der Gasthof am Markt, die Glanbrücke, die ehemalige Synagoge, ein Teil des Mauerrings mit Bürgerturm und die mittelalterliche Fuhrwerkswaage; Auskunft: *Touristinformation (Tel. 06753 12123 | www.meisenheim.de)*. Eine Kanutour auf dem Glan bietet *HKM Events (Am Wehr 1 | Tel. 0171 2 32 17 49 | www.hkm-meisenheim.de | ab 60 Euro pro Kanu/3 Pers.)* – die Landschaft ist traumhaft!

MUSEUMSBÄCKEREI IMSWEILER (120 C4) (*E5*)

Backen Sie sich Ihr eigenes Brot in einem originalen Steinofen. Der steht in Imsweiler, 5 km südlich von Rockenhausen, in einer Mühle aus dem 14. Jh., in der samstags frisches Backwerk zubereitet wird. Wenn Sie während der Wartezeit Appetit bekommen: Sie können hier auch vespern. *Mühlenweg 1 | www.museen.rlp.de*

WINNWEILER (120 C6) (*F6*)

Winnweiler (4700 Ew.), 12 km südlich von Rockenhausen, war wegen der großen Erzvorkommen am Donnersberg im 18./19. Jh. Anziehungspunkt für die eisenverarbeitende Industrie. Die adelige Familie Gienanth baute ein regionales Imperium auf, von dem heute noch die Gießerei in Hochstein (2 km außerhalb) direkt an der B 48 sowie die Eisenschmelze und Arbeiterwohnungen geblieben sind.

Der Zeit gewidmet: Turmuhrenmuseum in Rockenhausen

Ein visuelles und akustisches Erlebnis ist das INSIDER TIPP *1. Rundfunkmuseum Rheinland-Pfalz (Mai–Okt. So 14–17 Uhr | Mühlstr. | www.rundfunkmuseum-rlp.de | Eintritt 2 Euro)* in Münchweiler an der Alsenz. Hier bekommen Sie was auf die Ohren: den Sound aus den 1920er- bis 1950er-Jahren.

PFÄLZERWALD

Sein schönstes Kleid trägt der Pfälzerwald im Herbst. Das größte zusammenhängende Waldgebiet Deutschlands – durchzogen mit imposanten Felsgebilden, ideal für Kletterer – zeigt sich dann in strahlendem Gelb, schimmerndem Rot und noch saftigem Grün.

Aus der Luft betrachtet wirkt es so, als gäbe es nichts als Bäume. Deren Schutz wussten aber schon Adels- und Ritterslеute des Mittelalters zu schätzen, die hier zahlreiche Festungen und Burgen errichteten. Sie sind gut erhalten und dokumentieren anschaulich das Leben der ehemaligen Burgherren.

Große Furcht flößte über Jahrzehnte hinweg die Festung Betzenberg ihren Gegnern ein. Hier herrschten machtvoll und kicken noch heute die Roten Teufel, die Fußballer des 1. FC Kaiserslautern, deren Umgang mit dem Stollenschuh gefürchtet war. Das Geschäft mit Schuhen beherrscht man im Pfälzerwald aber auch anderswo. In Hauenstein etwa, das als eine der Metropolen für Fußbekleidung aller Art gilt.

DAHN

(129 E4) (*🕮 E11*) **Luftkurort, Geburtsstadt des sagenhaften Fabelwesens *Elwetritsche*, Hauptstadt des umliegenden Felsenlands, in dem sich mehr als 400 km Rad- und Wanderwege ausdehnen – Dahn im Süden des Pfälzerwalds.**

4450 Einwohner leben in der lang gestreckten Gemeinde in einem Tal des

Bild: Burgruine Altdahn

Alte Burgen, neues Schuhwerk und jede Menge Natur – wo Dinos alles im Blick haben und Wissenschaft richtig Spaß macht

Pfälzerwalds, wo Sie vor allem auf beeindruckende Burgen und Felsen, aber auch auf hübsche Fachwerkhäuser treffen.

SEHENSWERTES

DAHNER BURGENGRUPPE

Altdahn, Grafendahn und Tanstein 1 km östlich sind die Wächter von Dahn. Die Burgruinen sind auf fünf Felsentürmen errichtet und wurden im 12. Jh. gebaut. Sie sind frei zugänglich und ein beliebtes Ziel für Wanderer.

Die Burgengruppe ist etwa 200 m lang und bietet einen schönen Blick über das Felsenland. In einem Burghaus *(Karfreitag–Okt. tgl. 9–18, 2. Nov.–Gründonnerstag tgl. 9–17 Uhr | Eintritt frei)* sind interessante Grabungsfunde wie zum Beispiel Schlüssel, Silbermünzen oder eine Miederkette der alten Herren von Dahn ausgestellt. Von einem Parkplatz unterhalb der Burgengruppe brauchen Sie zu Fuß nur zehn Minuten für den Aufstieg. Oben können Sie sich in der *Burgschänke (Mi Ruhetag | €–€€)* stärken. Die Burgrui-

Bei Sportkletterern beliebt: der Jungfernsprung in Dahn

ne Neudahn liegt etwa 3 km nordwestlich und beeindruckt durch ihre mächtigen Batterietürme.

JUNGFERNSPRUNG

In 70 m Höhe über der Stadt thront das bizarre Steingebilde, um das sich eine Sage rankt: Der Raubritter Hans Trapp von der Burg Berwartstein soll eine Jungfrau hier hinaufgetrieben haben. Das verzweifelte Mädchen stürzte sich in die Tiefe, um dem Räuber nicht in die Hände zu fallen. Wie durch ein Wunder blieb es unverletzt. Dort wo es auftraf, sprudelt heute eine Quelle.

Der Jungfernsprung ist heute vor allem bei Sportkletterern beliebt, die hier ihrem Hobby frönen. Der mächtige Felsen besteht aus Buntsandstein und ist von der Bergseite her erschlossen, von wo er aus dem Tal der Wieslauter treppenartig hervorragt. Wenn Sie den spektakulären *Franz-Seiler-Gedächtnisweg* durch die senkrechte Talwand nehmen, können Sie unterwegs phantastische Fotos von der Aussicht machen.

KREISGALERIE DAHN

Ein hübsches Sandsteingebäude stellt Werke national und international renommierter Künstler aus. Auch zu sehen: Dauerausstellungen der Stiftungen Ludwig Schindler und Emil Knöringer mit Arbeiten zum landschaftlichen Reiz der Pfalz. *Tgl. 15–18, So auch 10–12 Uhr | Schulstr. 14 | Eintritt frei*

ESSEN & TRINKEN

ALTES BAHNHÖF'L

Rustikales und familienfreundliches Restaurant mit großem Biergarten und Spielplatz, in dem Saisonales und Deftiges sowie Fisch aus der Region serviert wird. Hier kann man auch übernachten – nicht ganz alltäglich, in ausgedienten Eisenbahnwaggons. *An der Reichenbach 6 | Tel. 06391 3755 | www.altes-bahnhoefl.de | Mo Ruhetag | €*

JÄGERHOF

Nur zwei Kilometer entfernt liegt das beschauliche Örtchen Erfweiler mit einem urigen und gemütlichen Landgasthaus, in dem der selbst gemachte INSIDER TIPP Saumagen nach Omas Rezept auf den Tisch kommt. Außerdem saisonale, regionale und traditionelle Küche. *Winterbergstr. 34 | Tel. 06391 17 54 | www.jaegerhof-erfweiler.de | Mo/Di Ruhetage | €€–€€€*

EINKAUFEN

FRANK FLECHTWAREN

Körbe aller Art, vom Präsentkorb bis zum Wäschekorb, können Sie hier kaufen. Außerdem jede Menge anderer Geschenkideen – von der Glasdeko über Teppiche bis zu Möbeln. *Industriestr. 16 | www.frank-flechtwaren.de*

FREIZEIT & SPORT

FELSLAND BADEPARADIES ★ ●

Die Adresse in der Region für Badevergnügen nach Maß. Schwitzen Sie in der großen Saunalandschaft mit finnischem Saunadorf oder erleben Sie entspannt, wie sich Ihre Kleinen im Spaßbad auf der 45-m-Rutsche austoben. *Tgl. 9–20 Uhr | Eybergstr. 1 | www.felsland-badeparadies.de | Eintritt ab 3,50 Euro, mit Sauna ab 14 Euro*

WANDERN

Eine der vielen attraktiven Strecken in der Umgebung ist der 19 km lange *Dahner Rundwanderweg*. Er startet zentral im Ort am Haus des Gasts und führt u. a. zur Burgengruppe am Lachberg mit dem Jungfernsprung entlang. *Neudahn* ist das lohnende Ziel auf der anderen Talseite der Wieslauter, wo Sie sich mit deftigen Pfälzer Spezialitäten in der *Dahner Hütte (April–Okt. Mo/Di Ruhetage | €)* stärken können. Die reine Laufzeit beträgt etwa 4 Stunden.

ÜBERNACHTEN

HOTEL FELSENLAND

Exklusives und modernes Viersternehotel mit stilvoll eingerichteten Zimmern, verschiedenen Restaurants in schönem Ambiente, Bar und Spa. *65 Zi. | Im Büt-*

MARCO POLO HIGHLIGHTS

★ Felsland Badeparadies
In Dahn ist in einem großen Freizeitbad eine abwechslungsreiche Saunalandschaft integriert, in der Schwitzen richtig Spaß macht → S. 49

★ Trifels
Einen Hauch Mittelalter versprüht die Reichsburg Trifels bei Annweiler. Sie ist ein gut erhaltenes Prachtstück des Burgenbaus → S. 50

★ Dynamikum
Das erste rheinland-pfälzische Science-Center steht in Pirmasens. Es macht Naturwissenschaft auf völlig neue Weise erlebbar → S. 58

★ Gartenschau
In Kaiserslautern sehen Sie die größte Dinosaurierausstellung Europas → S. 53

★ Wild- und Wanderpark Silz
Auf einem 8 km langen Rundweg begegnen Sie mehr als 400 Tieren → S. 52

★ Burg Berwartstein
Der Raubritter Hans Trapp soll hier gehaust haben. Auch heute ist die Burg bei Erlenbach bewohnt und bewirtschaftet. Hier sind noch komplett eingerichtete Räume zu sehen → S. 50

telwoog | Tel. 06391 92370 | www.meinfelsenland.net | €€€

AUSKUNFT

DAHNER FELSENLAND
Schulstr. 29 | Tel. 06391 9191962 22 | www.dahner-felsenland.de

VERKEHRSVEREIN DAHN
Weißenburger Str. 17d | Tel. 06391 5188 | www.verkehrsverein-dahn.de

ZIELE IN DER UMGEBUNG

ANNWEILER AM TRIFELS
(130 B2–3) *(🗺 G10)*
Ein Prachtstück des Burgenbaus in der Pfalz ist die Burg ★ *Trifels* bei Annweiler (7000 Ew.), 26 km nordöstlich von Dahn. Der beeindruckende Buntsandsteinbau auf dem dreifach gespaltenen Felsen ist in den meisten Teilen begehbar und vor allem für kleine Ritter ein abenteuerliches Erlebnis. Im zweigeschossigen Kaisersaal der 1113 zur Reichsburg ernannten Festung spürt man noch einen Hauch Mittelalter. In einem der vielen Räume können Sie Nachbildungen der Reichskleinodien des Heiligen Römischen Reiches Deutscher Nation anschauen. Richard Löwenherz soll hier oben 1193 gefangengehalten worden sein. *Ostern–Okt. tgl. 9–18, sonst 9–17 Uhr | www.trifelsland.de | Eintritt 3 Euro*

BÄRENBRUNNERHOF
(129 F4) *(🗺 F11)*
Sie müssen schon in eine Sackgasse fahren, wenn Sie in den Naturgenuss für alle Sinne auf dem Bärenbrunnerhof 6 in Schindhard, 4 km östlich von Dahn, kommen wollen. Die Trasse endet im Tal auf einer großen und üppig grünen Lichtung, von der aus Sie verschiedene Wege erwandern können. Das eigentliche Ziel aber liegt direkt vor Augen – in einmaliger Kulisse wird hier ein Biobauernhof betrieben, Kühe, Schweine, Ziegen, Pferde und Hühner gibt es hier.
Die *Gaststätte des Hofs (kein Ruhetag | €)* lockt mit Geschmackvollem aus eigenem Bestand, Kinder haben einen Spielplatz zum Toben. Übernachten können Sie in hübschen *Ferienwohnungen (€€)*.

BURG BERWARTSTEIN ★
(129 F5) *(🗺 F12)*
Mittelalterliche Folterkammer, die Burgküche, das Schlafzimmer eines Ritters sowie dessen Ausrüstung und Waffenkammer sind die Blickpunkte auf Berwartstein bei *Erlenbach* 10 km südöstlich von Dahn. Die Burg wurde 1152 erstmals erwähnt und ist heute noch be-

LOW BUDG€T

In der ● *Galerie N (Mi, Do und So 15–17 Uhr | Marktstr. 7 | www.kunst-wasgau.de | Eintritt frei)* im Alten Rathaus in Dahn werden jährlich fünf Ausstellungen verschiedener Künstler aus unterschiedlichen Bereichen der bildenden Kunst präsentiert.

Felsenmeer mit Riesenrutsche, Wasserspielplatz, Seilbahn, Labyrinth mit Glockenturm, Kleinkinderspielplatz und Minigolf – der *Erlebnispark Teufelstisch (im Sommer tgl. 10–18 Uhr | Im Handschuhteich 31 | Tel. 06392 993276 | www.hinterweidenthal.de | Eintritt frei)* in Hauenstein macht seinem Namen alle Ehre. Junge Urlauber können sich für ein paar Stunden austoben. Wer will, kann auch den Aufstieg dorthin wagen, wo der Teufel einst gespeist haben soll.

wohnt und bewirtet. Wo einst der Räuber Hans Trapp hauste, wandeln Sie auf den Spuren des Mittelalters, wenn Sie sich durch düstere Geheimgänge vorantasten und den Burgaufstieg in Form einer senkrechten Höhle bestaunen, der die Festung uneinnehmbar machte. Schaudern Sie bei einer Führung durch die verwinkelte Burg und den spannenden Geschichten. *März–Okt. tgl., Nov.–Feb. Sa/So 10–17 Uhr | www.burgberwartstein.de | Eintritt 4 Euro*

FISCHBACH (129 E5) *(🕮 E12)*

Der kleine Erholungsort (1600 Ew.) 17 km südlich von Dahn besitzt eine große Attraktion: das *Biosphärenhaus (März–Nov. tgl. ab 9.30 Uhr | Am Königsbruch 1 | www.biosphaerenhaus.de | Eintritt 10,50 Euro)* mit dem *Baumwipfelpfad*. Hier erfahren Sie Wissenswertes über das Biosphärenreservat mit seinen üppigen Wäldern und malerischen Bachtälern, über die ergiebigen Weinberge – und natürlich alles über die Felsen und Burgen. Im Zickzackkurs führt ein Weg in 18 m Höhe durch das Geäst. Von hier aus haben Sie eine großartige Aussicht über den Pfälzerwald.

HAUENSTEIN (129 F3) *(🕮 F11)*

Der größte Schuh der Welt steht im ● *Schuhmuseum (tgl. 9.30–17 Uhr | www.museum-hauenstein.de | Eintritt 4 Euro)* von Hauenstein (3930 Ew.), 15 km nordöstlich von Dahn. Hier können Sie auch viele weitere interessante Ausstellungsstücke wie den Kastanienschuh sehen, und Sie erfahren alles über die Geschichte des größten Schuheinkaufsdorfs Deutschlands. In der *Gläsernen Schuhfabrik (Mo–Fr 10–12 und 12.45–16.30 Uhr, Führungen nach Vereinbarung | Gebrüder-Seidel-Str. 7–9 | Tel. 06392 9 22 13 71 | www.glaeserne-schuhfabrik.de | Eintritt frei)* sehen Sie, wie richtig gutes Schuhwerk gemacht wird. Etwa zum Wandern, wenn Sie einen Ausflug zum berühmten *Teufelstisch* machen wollen, einer erstaunlichen Felskonstruktion, wo einst der Teufel gespeist haben soll. *Verbandsgemeinde Hauenstein (Schulstr. 4 | www.hauenstein-pfalz.de)*

Schuhe mit Geschichte im Museum in Hauenstein

LUDWIGSWINKEL (129 D5) *(🕮 D12)*

Die kleine Gemeinde Ludwigswinkel liegt weitab von den touristischen Hochburgen der Pfalz in einem (stillen) Winkel, etwa 21 km südlich von Dahn. Vom anerkannten Luftkurort aus (782 Ew.), der im Biosphärenreservat Naturpark Pfälzerwald liegt, entdecken Sie beeindruckende Natur- und Kulturlandschaften. Mittendrin befindet sich der Barfußpfad, auf dem Sie Kindheitserinnerungen abrufen können. Weicher Waldboden, Schotter, Sand und Sumpfgrube – eine ganz besondere Fußreflexzonenmassage, völlig kostenfrei. *www.ludwigswinkel.de*

NOTHWEILER (129 E5–6) *(🕮 E12)*
Hoch oben über dem charmanten Erholungsort Nothweiler (140 Ew.) thront auf 571 Metern mit der *Wegelnburg* die höchstgelegene Burgruine der Pfalz. Reste von Toren, Gebäuden und Ringmauern sind zu sehen. Bis ins benachbarte Frankreich reicht der Panoramablick von der lang gestreckten Anlage – wenn man sie erst einmal erklommen hat. *Auskunft: Dahner Felsenland* (s. S. 50)
Unter Tage führt die Erzgrube *Sankt-Anna-Stollen (März–Okt. Di–So 11–17 Uhr | www.nothweiler.de | Eintritt 5 Euro),* wo Sie farbenprächtige Eisenvorkommen funkeln sehen.

RAMBERG (130 B1–2) *(🕮 G10)*
In einem romantischen Tal treffen sich in Ramberg (940 Ew.) 35 km nordöstlich von Dahn die drei Bäche Dernbach, Wiesenbach und Ohlsbach. Anerkennung findet Ramberg wegen dreier Burgen: *Meistersel, Neuscharfeneck* und *Ramburg,* die im 11., 12. und 13. Jh. entstanden sind. Sie sind unterschiedlich gut erhalten, die Mauerreste jedoch zeugen von hoher Burgenbaukultur.
Wagen Sie auch einen Blick in das *Bürstenbindermuseum (Mi, Sa und So 14–17 Uhr | www.buerstenbindermuseum.de | Eintritt 2,50 Euro)*, das anschaulich das Leben einer Handwerkerfamilie in der Region zwischen 1780 und 1960 dokumentiert. Auskunft: *Gemeinde Ramberg (Hauptstr. 20 | Tel. 06345 1348 | www.ramberg.de)*

SILZ (130 A–B3) *(🕮 G11)*
Ein herrliches Idyll ist Silz (780 Ew.), 17 km östlich von Dahn. Auf einer Lichtung können Sie an einem großen Natursee sitzen. Ein längerer Spaziergang führt Sie in den ★ *Wild- und Wanderpark Silz (März–Nov. tgl. ab 9, sonst ab 10 Uhr | Hauptstr. | www.wildpark-silz.de | Eintritt 6,50 Euro)*. 400 Tiere aus 15 verschiedenen Arten bewegen sich auf dem 100 ha großen Gelände, Rot- und Damwild etwa, aber auch Wisente, Wildschweine oder Wölfe. Auf dem 8 km langen Rundweg gibt es viel zu entdecken. Gegen den Hunger gibt es in der *Parkgaststätte (€)* Pfälzer Spezialitäten.

KAISERSLAUTERN

KARTE IM HINTEREN UMSCHLAG
(124 A–B4) *(🕮 E7–8)* **Hoch im Norden des Pfälzerwalds liegt Kaiserslautern (99 000 Ew.), das den rauen Charme einer Industrie- und Arbeiterstadt mit der Jugendlichkeit einer Universitätsstadt verbindet.**
Der Ursprung reicht bis in die Jungsteinzeit um etwa 5000 v. Chr. Der Beiname Barbarossastadt geht auf Kaiser Friedrich I. zurück, der hier um 1152 einen Palast bauen ließ, von dem heute jedoch kaum noch etwas zu sehen ist. Die Mauerreste der ehemaligen Barbarossaburg jedoch lassen erahnen, welch prachtvolles Bauwerk einst in Kaiserslautern ge-

CITY **WOHIN ZUERST?**
Die **Altstadt** ist die Schlagader der Stadt, in der es nur dann ruhiger wird, wenn es in den Kneipen, Weinstuben und Restaurants voller wird. Eindrucksvolle Patrizierhäuser bilden die Kulisse für das kulturelle Leben der Barbarossastadt. Vom Hauptbahnhof nur wenige Gehminuten. Hier halten auch die meisten Buslinien, ebenso wie am Rathaus und am Schillerplatz. Parkhäuser sind ausgeschildert.

standen hat. Hier, zwischen Stiftskirche und Fruchthalle, ist die Stadt am schönsten, in der (und um die herum) noch 50 000 US-Soldaten stationiert sind – wegen des Militärflughafens in Ramsen, in die Sie unbedingt einen Bummel unternehmen sollten. Fotoapparat nicht vergessen! Denn hier reihen sich schnuckelige Fachwerkhäuser an thronende Patrizierhäuser.

Fruchthalle Kaiserslautern: Früher gaben Marktschreier hier den Ton an, heute sind's Musiker

stein (10 km entfernt). Das Sagen haben aber die Roten Teufel, die Fußballer des 1. FC Kaiserslautern, um die sich in der Stadt und in der Region fast alles dreht. Vom ● *Betzenberg* aus, wo die Kicker im Fritz-Walter-Stadion den Gegner das Fürchten lehren, haben Sie eine gute Übersicht über die Stadt, die beeindruckende Bauten, nette Kneipen und Restaurants sowie viel Kultur zu bieten hat.

SEHENSWERTES

ALTSTADT

Zwischen Martinsplatz und Mainzer Tor liegen alle Sehenswürdigkeiten wie Galerien, Museen, Theater. Zahlreiche Lokale, Kneipen und Restaurants finden Sie in den lebendigen und schmalen Gassen, in die Sie unbedingt einen Bummel unternehmen sollten. Fotoapparat nicht vergessen! Denn hier reihen sich schnuckelige Fachwerkhäuser an thronende Patrizierhäuser.

FRUCHTHALLE

1843 bis 1846 im Stil des Palazzo Medici in Florenz entstanden, diente die Halle in der Fruchthallstraße einst als Markthalle und ist heute Spielort für Konzerte und mehr. Sie ist vor allem abends sehenswert, wenn sie von allen Seiten angestrahlt wird.

GARTENSCHAU ★ ●

Hier gibt es nicht nur Pflanzen: Am Fuß des Kaiserbergs ist die größte Dinosaurierausstellung Europas zu sehen. Mit den *Gärten der Vielfalt* entstand im Jahr 2000 die erste rheinland-pfälzische Gartenschau; seither blühen hier Jahr für Jahr die schönsten Blumen. *März–Okt. tgl. 9–19 Uhr | Lauterstr. 51 | www.gartenschau-kl.de | Eintritt 7 Euro*

JAPANISCHER GARTEN ●

Ein Prunkstück durchdachter und moderner landschaftlicher Architektur ist der Japanische Garten unweit der Gartenschau. Hier beginnen Sie fast zwangsläufig zu meditieren. Die kunstvoll arrangierte Anlage mit Wasserfällen, Teichen und Moosgärten vermittelt harmonische Gelassenheit, bei der Sie völlig abschalten können. *April–Okt. Di–So 10–18 Uhr | Am Abendsberg 1 | www.japanischergarten.de | Eintritt 5,50 Euro*

KAISERPFALZ

Von der Pracht des ehemaligen Kaisersaals sind nur noch einige Mauerquader des Fundaments und wenige Mauerreste der Burgkapelle übrig. Barbarossa hatte 1152 das Bauwerk errichtet, dessen Fluchtgänge bei Stadtführungen besichtigt werden können.

PFALZGALERIE

Eine exzellente Gemälde- und Skulpturensammlung zeigt die Pfalzgalerie. Das riesige Gebäude am Museumsplatz, das von 1875 bis 1880 im Neorenaissancestil gebaut wurde, zeigt zudem bedeutende kunsthandwerkliche Stücke, etwa von Anselm Feuerbach oder Pablo Picasso. *Di 11–20, Mi–So 10–17 Uhr | Museumsplatz 1 | www.mpk.de*

RATHAUS

Das herausragende Wahrzeichen der Stadt in der Maxstraße ist nicht zu übersehen. 84 m hoch ist das moderne Gebäude, das im 21. Stock ein Panoramarestaurant beherbergt. Hier lässt sich auch der Blick über Kaiserslautern genießen.

STIFTSKIRCHE

Kaiser Friedrich Barbarossa hatte an dieser Stelle zunächst ein Kloster bauen lassen, das 1511 aufgelöst wurde. Es entstand ein weltliches Stift, das der Kirche heute noch seinen Namen gibt. Markenzeichen sind die beiden hohen Spitztürme und der spätgotische Baustil. Die Stiftskirche in der Marktstraße 10 gilt als die bedeutendste dieser Art. *www.stiftskirche-kl.de*

THEODOR-ZINK-MUSEUM

Am Ende der Steinstraße mit vielen Kneipen und Bistros in der Altstadt steht das Theodor-Zink-Museum mit seinem malerischen Innenhof. Volkskundliche und stadtgeschichtliche Sammlungen sind hier zu sehen. Zum großen Teil stammen sie vom Namensgeber, dem Lehrer und Heimatforscher Theodor Zink. *Mi–Fr 10–17, Sa/So 11–18 Uhr | Steinstr. 48 | Eintritt frei, Sonderausstellungen 4 Euro*

ESSEN & TRINKEN

INSIDER TIPP JULIEN

Das Julien ist Im Stil eines Pariser Bistros aufgemacht. Hier genießen Sie mediterrane Köstlichkeiten. *Altenwoogstr. 3 | Tel. 0631 6 48 87 | www.restaurant-julien.de | Mo Ruhetag | €€*

PAPASOTE

Beim Mexikaner in der Nähe des Gartenschaugeländes wird es abends richtig voll. Leckere *enchiladas, burritos* oder *fajitas* und mehr in authentischer Atmosphäre begeistern nicht nur ein junges Publikum. *Schoenstr. 15 | Tel. 0631 6 48 20 | www.papasote.com | kein Ruhetag | €*

SPINNRÄDL

In der Wein- und Bierstube mitten in der City können Sie in entspannter Atmosphäre sitzen und haben eine große Auswahl an guter Pfälzer und deutscher Küche. *Schillerstr. 1 | Tel. 0631 6 05 11 | www.spinnraedl.de | kein Ruhetag | €*

AM ABEND

KAMMGARN

Auf dem ehemaligen Gelände einer Spinnerei hat sich das Kammgarn als Veranstaltungsort für Konzerte einen großen Namen in der Region gemacht. Stars aus der Musikszene geben sich hier die Klinke in die Hand. *Schoenstr. 10 | Tel. 0631 3 65 26 07 | www.kammgarn.de*

PFALZTHEATER ●

Das kulturelle Aushängeschild der Stadt, das neben Klassikern aus Oper, Operette und Schauspiel auch eigene Produktionen im Programm hat. Sehenswertes Ballett und Kabarett. *Willy-Brandt-Platz 4–5 | Tel. 0631 3 67 50 | www.pfalztheater.de*

ÜBERNACHTEN

INSIDER TIPP ALCATRAZ

Direkt am japanischen Garten befindet sich das Gebäude der ehemaligen Justizvollzugsanstalt, in dem Sie einmal ausprobieren können, wie es sich auf Knastpritschen schläft. Neben Zellen gibt es auch komfortablere Zimmer, serviert wird natürlich Prosecco statt Wasser. *56 Zi. | Morlauterer Str. 1 | Tel. 0631 4 14 04 00 | www.hotel-alcatraz.de |* €

HOTEL FRÖHLICH

Das familiengeführte Hotel und Restaurant gibt es schon seit 150 Jahren. Es liegt nur etwa zehn Autominuten von der City entfernt und verfügt neben 30 geschmackvoll eingerichteten Zimmern über Wellnessgrotte und Hydromassage. *Dansenberger Str. 10 | Tel. 0631 3 57 16 0 | www.hotel-froehlich.de |* €€

HOTEL ZOLLAMT

Gemütliches und modernes Viersternehotel in zentraler Lage, von dem aus Sie in kurzer Zeit zu Fuß die Stadtmitte erreichen. Die Zimmer sind komfortabel und großzügig. *33 Zi. | Buchenlochstr. 1 | Tel. 0631 3 16 66 00 | www.hotel-zollamt.de |* €€€

„Re Africano" von Gunther Stilling vor dem Pfalztheater

AUSKUNFT

TOURISTINFORMATION KAISERSLAUTERN

Fruchthallstr. 14 | Tel. 0631 3 65 23 17 | www.kaiserslautern.de

ZIELE IN DER UMGEBUNG

BURG NANSTEIN (123 D5) (*🗺 C8*)

Diese gewaltige Festungsanlage steht in der Nähe von Landstuhl knapp 20 km westlich von Kaiserslautern. Die Burg wird erstmals im Jahr 1189 erwähnt und ist vor allem wegen des großen Rondells auffällig, das zu Beginn des 16. Jhs. als einer der stärksten Geschütztürme dieser Zeit galt. Schaurig ist der Blick in ein Gewölbe, in dem der Ritter Franz von Sickingen nach schwerer Verwundung starb. Machen Sie sich auf der Burg gefasst auf eine abenteuerliche Reise in die Vergangenheit. *Tgl. Jan.–März und Okt./Nov. 10–16, April–Sept. 9–18 Uhr | Eintritt 3 Euro*

ELMSTEIN (124–125 C–D 5–6) (*🕮 G9*)
Unterhalb des Felsens der Burg, aus dem Elmstein (2430 Ew.), 28 km südöstlich von Kaiserslautern, im 12. Jh. wuchs, finden Sie das Museum *Alte Samenklenge (Mi, Sa und So 14–17 Uhr | Eintritt 2 Euro)* und die *Wappenschmiede,* die einzige durch Wasserkraft betriebene Schmiede der Pfalz, die bis in die Gegenwart erhalten werden konnte. Im Museum selbst erfahren Sie viel über das Leben der Waldarbeiter in Elmstein. Der Ort ist außerdem Ausgangspunkt herrlicher Wander- oder Mountainbiketouren in die umliegenden Täler. Das **INSIDER TIPP** *Kuckucksbähnel*, ein schnaufender Dampfzug, hat von Neustadt aus kommend hier seinen Zielbahnhof. Eine Reise mit dem Zug sollten Sie nicht verpassen – wahre Eisenbahnromantik erwartet Sie! *Eisenbahnmuseum Neustadt (Tel. 06321 3 03 90 | Fahrpreise ab 7 Euro)*

JOHANNISKREUZ (124 B6) (*🕮 F9*)
Motorradfahrern ist die kleine Siedlung 18 km südlich von Kaiserslautern, die zu Trippstadt gehört, längst ein Begriff. Während der Saison sehen Sie hier Biker aller Nationen, die sich, mitten im Herzen des Pfälzerwalds, auf ihren Touren treffen. Wenn Sie das Tempo mal rausnehmen möchten, sollten Sie dem *Haus der Nachhaltigkeit (So–Fr 10–18 Uhr | Johanniskreuz 1a | www.hdn-pfalz.de | Eintritt frei)* einen Besuch abstatten. Es macht seinem Namen alle Ehre und fällt schon durch seine Bauweise auf. Hier erfahren Sie alles, was man zum Leben im Einklang mit der Umwelt wissen muss.

Das Kuckucksbähnel fährt gemächlich von Neustadt nach Elmstein

LANDSTUHL (123 D5) (*🕮 C–D8*)

Zwei uralte Verkehrsadern sind verantwortlich für das Bestehen Landstuhls (8290 Ew.), 18 km westlich von Kaiserslautern. Von Westen nach Osten führt eine Straße von Lothringen (Metz) zu dem Bevölkerungszentrum am Mittelrhein (Worms, Mainz), während von Norden nach Süden ein Fernweg das Land an der Mosel (Trier) mit dem Oberrhein (Straßburg) verbindet. An der Kreuzung dieser Trassen wurde vor mehr als 2500 Jahren eine Siedlung gegründet, in der neben Kelten, Römern und Franken auch das Geschlecht der Sickinger seine Spuren hinterlassen hat. Davon zeugt das *Sickingenmuseum (unregelmäßige Öffnungszeiten | Tel. 06391 3222 | In der Zehntscheune | www.landstuhl.de | Eintritt frei)*.

OTTERBACH (124 A3) (*🕮 E7*)

Etwas außerhalb von Otterbach (3960 Ew.), etwa 7 km nordwestlich von Kaiserslautern, kommen Hobbyeisenbahner ins Schwärmen. Am Bahnübergang nach Erfenbach steht ein ausgedientes Stellwerk, das nun als *Museum (Mai–Sept. 1. und 3. So im Monat | www.vg-otterbach.de | Eintritt frei)* dient. Hier erfahren Sie, wie der Zugverkehr geregelt wurde, bevor die elektronische Sicherungstechnik Einzug hielt. Im *Motorradmuseum (April–Okt. So 10–12.30 und 13.30–17 Uhr | Otterstr. 8 | www.motorradmuseum-heinz-luthringhauser.com | Eintritt 2 Euro)* gehen Sie auf Erkundungstour durch 80 Jahre Motorradgeschichte. Deutsche, italienische, englische und japanische Maschinen sind in einer ehemaligen Kirche ausgestellt.

PARFÜMMUSEUM MEHLINGEN
(124 C3) (*🕮 F7*)

Den richtigen Riecher beweisen Sie, wenn Sie einen Abstecher nach Mehlingen-Baalborn, 14 km nordöstlich von Kaiserslautern, wagen. Etwa 120 duftende Flakons sind in einem Museum um eine riesige dampfende Destille ausgestellt, die Sie zurück ins 17. Jh. entführt, als die Parfümherstellung in Europa ihren Höhepunkt erreichte. Im Museum erleben Sie einen Hauch Magie und Illusion. *Besichtigung nur mit Führung April–Okt. Do/Fr 10–11 und 14–15 Uhr, Nov.–März nur auf Anfrage | Kehrstr. 18 | www.parfuemmuseum.de | Eintritt 2 Euro*

Frecce Tricolori – Kunstflugstaffel der italienischen Luftwaffe in Ramstein

RAMSTEIN AIR BASE
(122–123 C–D5) (*🕮 C7*)

Im August 1988 geschah auf dem Gelände des größten Stützpunkts der US Air Force außerhalb der Vereinigten Staaten während einer Flugschau ein schweres Unglück, als Maschinen in der Luft kollidierten und als Feuerbälle am Boden zerschellten. Weniger spektakulär als solche Shows, aber wesentlich sicherer, sind etwa zweistündige Führungen über das Gelände der Air Base, die für Gruppen ab zehn (max. 40) Personen buchbar sind. *Tel. 06371 95 26 55 | www.kaiserslautern.de*

TRIPPSTADT (124 B5) *(🕮 E8)*
Natur pur ist das Motto des Luftkurorts Trippstadt (3000 Ew.), 13 km südlich von Kaiserslautern, im Herzen des Naturparks Pfälzerwald. Von hier aus schlängelt sich das 3 km lange, romantische *Karlstal,* in dem Sie auf Ihren Wanderungen eine wunderschöne Landschaft erkunden können – mit saftigen Wiesen, stämmigen Laub- und Nadelbäumen sowie zahlreichen kleinen Wasserfällen. In der Ortsmitte Trippstadts lohnt der älteste, 1726 erbaute Gasthof im Pfälzerwald einen kulinarischen Halt. Die Fassade des Landgasthofs *Zum Schwan (Kaiserslauterer Str. 24 | Tel. 06306 92130 | www.schwan-trippstadt.de | Mo Ruhetag | €)* ist denkmalgeschützt. Und in der Küche des Landgasthofs wird mit guter Qualität gekocht. Genießen Sie gutbürgerliche, saisonale, geschmackvolle Gerichte.

WESTPFÄLZER MUSIKANTENMUSEUM
(123 D4) *(🕮 C–D7)*
Eine umfangreiche Sammlung verschiedener Instrumente aus der Blütezeit des Westpfälzer Musikantentums ist in Mackenbach, 17 km westlich von Kaiserslautern, zu entdecken. Blasinstrumente mit reichlich Patina, blitzende Tuben, Notenblätter oder ein Zirkusmodell mit beweglichen Teilen, das einen Einblick in das Schaffen der Musiker geben soll, sind im Muskantenmuseum ausgestellt. Daneben versetzen afrikanische Musikinstrumente, die hierzulande unbekannt sind, in Erstaunen. Und Sie erfahren außerdem, was es mit Frank Sinatra und einem Mackenbacher Bürger auf sich hat. *Öffnungszeiten nach Vereinbarung | Schulstr. 10 | www.musikantenmuseum.de | Eintritt frei*

PIRMASENS

(128–129 C–D3) *(🕮 D10–11)* **Im Jahr 820 war *Bärmasens*, wie die Einheimischen sagen, noch ein beschauliches Dorf. Heute hat Pirmasens knapp 42 000 Einwohner und blickt vor allem auf eine ruhmreiche Schuhindustrie zurück, die sich seit dem 18. Jh. ausbreitete.**

Aus den Überresten ausgedienter Uniformen der Soldaten wurden damals *Schlabbe* gefertigt, die von den Frauen in nah und fern verkauft wurden. Pirmasens gilt als weltgrößtes Schuhhandelszentrum. Im Zweiten Weltkrieg nahezu völlig zerstört, wurde die Stadt, die wie Rom auf sieben Hügeln errichtet wurde, wieder neu aufgebaut. Die Höhenunterschiede überwinden Sie über zahlreiche Treppenanlagen, etwa die pittoreske Schlosstreppe. Dreh- und Angelpunkt der Stadt ist der gewaltige Exerzierplatz, auf dem zu Zeiten des Landgrafen Ludwig IX. von Hessen-Darmstadt um 1770 Grenadiere aufmarschierten. Von hier aus erreichen Sie alle wichtigen Sehenswürdigkeiten und Freizeitziele in kurzer Zeit sowie die lang gezogene Fußgängerzone mit dem imposanten Schlossbrunnen im Zentrum der Stadt.

SEHENSWERTES

DYNAMIKUM ★
Bewegung ist alles im ersten rheinland-pfälzischen Science-Center. Krabbeln, rennen, oder tanzen Sie. Bringen Sie

Massen in Bewegung, starten Sie einen Wettkampf gegen einen Elefanten und versuchen Sie, den richtigen Dreh rauszubekommen. Erweitern Sie Ihr Wissen und lassen Sie Ihrer Lust am Experimentieren freien Lauf. Sie werden Naturwissenschaft aus einer völlig neuen Perspektive erleben. *Mo–Fr 9–18, Sa/So 10–18 Uhr | Fröhnstr. 8 | www.dynamikum.de | Eintritt 9 Euro*

Über dem Brunnen am Schlossplatz in Pirmasens fällt der Blick aufs Alte Rathaus

MUSEUM ALTES RATHAUS

Mitten in der Fußgängerzone ist das Alte Rathaus Herberge für drei Museen: das Heimatmuseum, das Schuhmuseum, das mit einer authentischen Schusterwerkstatt ausgestattet ist, und die Bürkel-Galerie, die dem 1802 in Pirmasens geborenen Maler Heinrich Bürkel gewidmet ist. Die Galerie zeigt die größte zusammenhängende Sammlung des Künstlers, einem Zeitgenossen von Carl Spitzweg. Eine besondere Attraktion sind die Scherenschnitte der 1998 verstorbenen Pirmasenser Künstlerin Elisabeth Emmler. *Di–So 14–17 Uhr | Rathaus am Exerzierplatz | Eintritt 2,50 Euro*

WESTWALL MUSEUM – FESTUNGSWERK GERSTFELDHÖHE

Insgesamt 14 km Hohlgänge (darunter Maschinenhallen, ein Lazarett, eine Kaserne für 800 Mann, Schmalspurbahnhöfe und Munitionsdepots) sollten nach einem Plan von 1938 angelegt werden. Etwa 5 km davon wurden fertiggestellt und sind heute zu besichtigen. Der freigelegte Kasernenzugang ist gewaltig und bedrückend zugleich. *April–Okt. Sa/So 13–17 Uhr | In der Litzelbach 2 | Niedersimten | Eintritt 5 Euro*

ESSEN & TRINKEN

BRASSERIE

Küchenchef Vjekoslav Pavic bereitet seine Kreationen vom australischen Black Angus bis schottischen Lachs auf Sterne-Niveau zu. Stilvolle, lockere Atmosphäre, professioneller Service. *Landauer Str. 103–105 | Tel. 06331 7255544 | www.diebrasserie-ps.de | So/Mo Ruhetage | €€€*

KUCHEMS BRAUHAUS

Ein frisch Gezapftes aus dem eigenen Sudkessel, dazu deftige Spezialitäten. Das Brauhaus am Schlossplatz wird von allen Altersgruppen besucht. Versuchen Sie eine der spritzigen Biersorten. *Schlossstr. 44 | Tel. 06331 213894 | www.kuchems-brauhaus.de | kein Ruhetag | €*

EINKAUFEN

INSIDER TIPP WAWI SCHOKOLADE

Den Besuch der Schokoladenfabrik sollte man sich nicht entgehen lassen. Schauen Sie zu, wie Osterhasen und Nikoläuse entstehen, und entdecken Sie im Museum außergewöhnliche Exponate rund um die Schokolade, die es im Shop auch zu kaufen gibt. *Unterer Sommerwaldweg 19–20 | www.wawi-schokolade.de*

FREIZEIT & SPORT

PLUB FREIZEITBAD

Der großzügig angelegte Saunabereich ist das große Plus des Bads etwas außerhalb der Stadt Richtung Rodalben. Im Hallen- und Freibad finden Sie eine Vielzahl attraktiver Badevergnügen, z. B. die große Erlebnisrutsche. *Mo 12–21, Di–Sa 9–21, So 8–20 Uhr | Lemberger Str. 41 | www.plub.de | Eintritt 8,50 Euro, mit Sauna 16 Euro*

AM ABEND

Z1 LIVE MUSIK CLUB

Musikfans und Musiker haben sich zusammengetan, um Gleichgesinnten mit diesem Club ein Forum für gute Livemusik zu bieten. Jeden zweiten Donnerstag gibt es im Z1 live von ausgesuchten Bands vor allem Rock auf die Ohren. *19 Uhr Einlass, Konzert ab 21 Uhr | Zweibrücker Str. 1 | Tel. 06339 9949255 | www.z1-musikclub.de | Eintritt 6 Euro*

ÜBERNACHTEN

HOTEL ALT PIRMASENS

Die zentrale Lage in der Nähe des Dynamikums und des Strecktalparks sind die Vorzüge dieses komfortablen Dreisternehauses mit gemütlichem Restaurant und Biergarten. *40 Zi. | Wittelsbacher Str. 26 | Tel. 06331 55450 | www.alt-pirmasens.de | €€*

HOTEL-RESTAURANT KUNZ

Edles und modernes Hotelrestaurant in stilvollem Ambiente (die gehobene Küche wurde bereits vielfach ausgezeichnet). Exklusive und komfortable Zimmern. Im Wellness- und Spa-Bereich mit Sauna, Massage und Schwimmbad können Sie richtig abschalten und entspannen. *54 Zi. | Bottenbacher Str. 74 | Tel. 06331 8750 | www.hotel-kunz.de | €–€€*

AUSKUNFT

STADT PIRMASENS

Fröhnstr. 8 | Tel. 06331 2394321 | www.pirmasens.de

VERKEHRSVEREIN SÜDWESTPFALZ

Unterer Sommerwaldweg 40–42 | Tel. 06331 809126 | www.suedwestpfalz-touristik.de

ZIELE IN DER UMGEBUNG

CLAUSENSEE (129 D–E2) *(🕮 E10)*

Ebenso zahlreich wie die Wander- und Radwege sowie Mountainbikerouten im Pfälzerwald sind die unzähligen Na-

Blüht auf: der farbenprächtige Rosengarten in Zweibrücken

turseen. Der beliebteste in der Region ist der malerisch im Schwarzbachtal bei Waldfischbach-Burgalben gelegene Clausensee etwa 13 km nördlich von Pirmasens *(www.vgwaldfischbach-burgalben.de)*. Der Stausee ist ca. 450 m lang und 90 m breit und ein natürliches Rückzugsgebiet voller Ruhe. Die Liegewiese bietet genügend Platz für Freizeitaktivitäten, an der *Schirmbar* können Sie Erfrischungen zu sich nehmen. Genießen Sie den Strand, und springen Sie ins klare, frische Wasser des Stausees.

MERZALBEN (129 E2) *(🕮 E10)*
Hoch über Merzalben (1140 Ew.), 14 km nordöstlich von Pirmasens, thront die Burgruine *Gräfenstein (www.burg-lemberg.de | Eintritt frei)*. Steigen Sie hinauf auf die Turmplattform und bestaunen Sie die gut erhaltene Burgmauer, Wohngebäude und Zwinger. Am Abortschacht können Sie die hygienischen Verhältnisse der Grafen von Leiningen, die die Burg um das Jahr 1200 errichteten, nachvollziehen.

ZWEIBRÜCKEN (128 B1) *(🕮 B10)*
Tief im Westen der Pfalz, etwa 25 km westlich von Pirmasens, liegt die ehemalige Residenzstadt Zweibrücken (34 000 Ew.). Hier führen alle Schilder zunächst zum *Factory Outlet Center (Londoner Bogen 10–90 | www.zweibruecken.thestyleoutlets.de)*, wo Sie ausgiebig shoppen und Markenware vieler Hersteller von Adidas über Bogner bis hin zu Versace zu günstigen Preisen kaufen können.

Versäumen Sie aber keinesfalls, auch in die Stadt selbst zu fahren. Besuchen Sie dort das im Zentrum gelegene, geschichtsträchtige Landgestüt, spazieren Sie durch den farbenprächtigen Rosengarten – und schauen Sie sich, wenn möglich, ein Pferderennen auf der Rennwiese an. Danach entspannen Sie gemütlich über Nacht im *Romantik Hotel Landschloss Fasanerie (50 Zi. | Fasanerie 1 | Tel. 06332 9730 | www.landschloss-fasanerie.com | €€€)*. *Auskunft: Zweibrücken | Tel. 06332 8710 | www.zweibruecken.de*

Bild: Kurpark Bad Dürkheim

WEINSTRASSE & RHEINEBENE

Diese Namen sollten Sie sich merken: den Schlossgarten in Herxheim am Berg, die Kalmit, eine Erhebung oberhalb von Maikammer, die Burg Landeck bei Klingenmünster und das Deutsche Weintor in Schweigen-Rechtenbach.

An jedem dieser Orte, die sich von Norden nach Süden über die deutsche Weinstraße verteilen, haben Sie einen weit reichenden Panoramablick über die bei Urlaubern beliebteste Region der Pfalz. Bei klarer Sicht können Sie über die malerischen Weindörfer hinweg in nordöstlicher Richtung bis nach Ludwigshafen schauen, haben über die Kaiserstadt Speyer hinaus den Odenwald und die Bergstraße im Blick, die Erhebungen des Schwarzwalds erkennen Sie im Südwesten. Und dazwischen schwingen sich auf Hügeln zahllose Weinberge, die sich ab dem Frühjahr mit einem dichten Blätterkleid schmücken. Landschaftlich weniger spektakulär ist die Rheinebene mit Ludwigshafen als wirtschaftlich bedeutendstem Standort. Rund um die Domstadt Speyer ist der längste Fluss Deutschlands ein Dorado für Wassersportler.

BAD DÜRKHEIM

(126 B3–4) (*H–J7*) **Das Riesenfass, größtes Weinfass der Welt, ist zweifellos das Wahrzeichen der Kurstadt Bad Dürkheim (19 000 Ew.). Ein weiteres ist die Saline, ein 330 Meter langer Gra-**

Beste Weine gepaart mit glanzvoller Gastronomie, liebenswerte Landschaften und interessante Städte voller Geschichte

dierbau, das der Stadt als Freiluftinhalatorium dient.

Einmal im Jahr werden diese beiden Sehenswürdigkeiten im wahrsten Sinne in den Schatten gestellt – vom Riesenrad, das jedes Jahr im September herausragendes Merkmal des größten Weinfests der Welt ist, dem Wurstmarkt. Im Sommer bahnen sich Touristen ihren Weg durch den Kurpark in die eher ruhige Innenstadt. In der kleinen Fußgängerzone mit dem mediterran anmutenden Stadtplatz in der Mitte der Stadt, die wegen ihrer sieben Heilquellen 1847 den Zusatz Solbad erhielt, gibt es interessante Geschäfte, Cafés und Restaurants – ein Ort, an dem sich über Stunden die Sonne genießen lässt.

SEHENSWERTES

INSIDER TIPP HARDENBURG

Die 1205 gegründete Burg war eine der mächtigsten in der Pfalz und ist noch richtig gut erhalten. Im Dreißigjährigen Krieg boten die gewaltigen Geschütztürme Schutz. Ein Teil von ihnen ist auch heute noch gut in Schuss. *Tgl. April–Sept. 9–18, Okt./Nov. und Jan.–März 9–16.30 Uhr, Führungen (4 Euro) | www.schloss-hardenburg.de | Eintritt 3 Euro*

Unfassbar – ein Fass der Superlative

KLOSTER LIMBURG

In der romantischen Krypta geben sich Paare das Jawort, draußen vor den imposanten Mauerresten finden Konzerte und Theateraufführungen statt. Vom ehemaligen Kloster im romanischen Baustil (etwa um 1025 erbaut) haben Sie einen überragenden Ausblick auf die Umgebung und die Kurstadt, die sich zu Füßen der Ruine ausbreitet. In der Sakristei der ehemaligen Klosterkirche ist heute ein Restaurant, die *Klosterschänke Limburg (Tel. 06322 9419983 | Mo/Di Ruhetage | €–€€)*, untergebracht, in dem vor allem Pfälzer Spezialitäten und deutsche Küche serviert wird. INSIDER TIPP Bemerkenswert: die Steakkarte. *Luitpoldweg 1 | frei zugänglich*

KURPARK

Er ist die grüne Lunge der Stadt, beliebter Treffpunkt und liegt direkt hinter dem Kasino. Spaziergänger genießen im Frühjahr die Farbenpracht und den Duft frischer Blumen, Eltern und Kinder machen einen Abstecher auf den kleinen Abenteuerspielplatz und die Minigolfbahn. Eine Oase der Ruhe ist der untere Teil der Parkanlage im englischen Stil, die mit einem prächtigen Baumbestand viele schattige Flecken bietet.

PFALZMUSEUM FÜR NATURKUNDE

Etwas außerhalb der Stadt, im Ortsteil Grethen, sind in einem historischen Gebäude der Herzogmühle wertvolle Ausstellungsstücke rund um die heimische Natur zu sehen: Blütenpflanzen, Farne, Moose, Objekte aus dem Bereich der Krebse, Spinnen, Mollusken oder Schmetterlinge. *Di und Do–So 10–17, Mi 10–20 Uhr | Kaiserslauterer Str. 111 | www.pfalzmueum.de | Eintritt 2 Euro*

RIESENFASS

Würde doch nur Wein darin lagern! Doch die 1,7 Mio. l Fassungsvermögen des größten Weinfasses der Welt sind nicht mit gutem Rebensaft gefüllt, von dem es in und um Bad Dürkheim sehr viel gibt, sondern mit ansprechender Gastronomie, die vor allem von Bustouristen gern besucht wird. Das Fass sollten Sie sich wegen seiner Ausmaße (13,5 m Durchmesser) auf jeden Fall anschauen. Gebaut wurde es 1934 vom Küfermeister Fritz Keller – 200 Tannen wurden dafür gefällt. Der Grund für den Bau: Es sollte größer sein als das Fass im Heidelberger

Schlosshof, das mit 221000 l Fassungsvermögen bis dahin das größte Weinfass der Welt war. *Sankt-Michael-Allee 1 | Tel. 06322 2143 | www.duerkheimer-fass.de | kein Ruhetag |* €€

ESSEN & TRINKEN

INSIDER TIPP COLOSSEO

Bei Padrone Luigi essen Sie so, wie er es bei seiner Mama gelernt hat: authentisch italienisch, schnörkellos und mit viel Sinn für mediterrane Aromen; modernes Ambiente. *Entengasse 12 | Tel. 06322 954910 | www.il-colosseo.com | Mo Ruhetag |* €–€€

DIEDEN'S WIRTSCHAFT

Küchenchef Markus Dieden mag es im Ortsteil Leistadt regional, pfälzisch, klassisch und kreativ gleichermaßen. Das Angebot zieht zahlreiche Wiederholungstäter an, die sich im geschmackvollen Landhausstil wohlfühlen. Hier werden auch erstklassige Weine ausgeschenkt. *Hauptstr. 32–34 | Tel. 06322 9879119 | www.diedens.de | Di Ruhetag |* €€

INSIDER TIPP WEINSTUBE BACH-MAYER

Auf gehobene Pfälzer Gerichte und eine verfeinerte Regional- und Saisonküche dürfen Sie sich hier freuen. Der Garten im Hof ist im Sommer eines der schönsten kulinarischen Freiluftrefugien der Stadt; im Innern ist das Ambiente eher rustikal. *Gerberstr. 13 | Tel. 06322 92120 | www.bach-mayer.de | Di/Mi Ruhetage |* €€

WEINSTUBE PETERSILIE

Die Weinstube wird von zwei Ernährungswissenschaftlerinnen betrieben, die ausgewählte Produkte mit Bedacht

MARCO POLO HIGHLIGHTS

★ Schwarzer Hahn
Edelgastronomie – mitten in Deidesheim, einem der Vorzeigeorte der Weinstraße. Für Feinschmecker ein Muss → S. 69

★ Speyer
Noch immer eines der touristischen Aushängeschilder der Pfalz – mit dem Dom, dem Technikmuseum oder dem Sealife als Attraktionen → S. 89

★ Villa Ludwigshöhe
Wie eine toskanische Villa thront das Schloss über Edenkoben – Wahnsinns-Aussicht → S. 73

★ Frank-Loebsches-Haus
Allein das Gebäude versetzt in Erstaunen; aber auch die zahlreichen wechselnden Ausstellungen lohnen in Landau einen Besuch → S. 82

★ La Ola Freizeitbad
Eine der schönsten Saunalandschaften der Pfalz befindet sich in Landau – Blockhaus, Dampfbad und Co. wärmen das Gemüt → S. 83

★ Madenburg
Einer der schönsten Aussichtspunkte an der Weinstraße – und eine Burg, auf der es viel zu entdecken gibt → S. 84

★ Forst
Hübsches Weindorf mit ausgezeichneten Weingütern → S. 70

★ Hambacher Schloss
Innen sind Nachbildungen der Reichsinsignien des Heiligen Römischen Reichs Deutscher Nation zu sehen, außen ragen die gut erhaltenen Mauern in die Höhe → S. 87

zubereiten – urig und gemütlich. Deftig pfälzische Küche. *Römerplatz 12 | Tel. 06322 43 94 | www.weinstube-petersilie.de | Di Ruhetag* | €–€€

EINKAUFEN

HAUS DER GUTEN WEINE

Bei Sinnesphysiologe Dr. Steffen Michler können Sie die besten Bad Dürkheimer Weine erstehen – und die europäischen Pendants sowie Whisky und mehr. *Römerplatz 13 | www.weinsensorik.de*

INSIDER TIPP WEINGUT WALTER HENSEL

Eines der aufstrebenden Weingüter mit hervorragenden weißen Burgundern und immer besseren Roten. *In den Almen 13 | Tel. 0632 24 60*

FREIZEIT & SPORT

INSIDER TIPP HAMAM

Das türkisches Bad zu besuchen ist Wellness pur. Schon allein die Ruhephase auf dem heißen Stein, bevor die wohltuende Waschung mit Einseifen und sanfter Massage beginnt, ist die reinste Entspannung. *Mo und Mi–Fr 13–21, Sa/So 9–17 Uhr | Kurbrunnenstr. 14 | Tel. 06322 94 50 81 | www.hamam-badduerkheim.de | Eintritt ab 35 Euro*

AM ABEND

SPIELBANK BAD DÜRKHEIM

„Machen Sie Ihr Spiel" heißt es seit über 65 Jahren im Kasino im Kurhaus. Krawatte und Jackett sind zwar nicht erforderlich, doch angemessene Kleidung selbstverständlich, wenn Sie beim französischen oder amerikanischen Roulette, Black Jack oder Poker Ihr Glück versuchen. Alle Ansagen an den Tischen auf Deutsch. *So–Do 14–2, Fr/Sa 14–3 Uhr | Schlossplatz 6 | Tel. 06322 94 240 | www.spielbank-bad-duerkheim.de | Eintritt 3,50 Euro*

ÜBERNACHTEN

GARTENHOTEL HEUSSER

Familiär geführtes Viersternehotel in ruhiger Lage, sehr gepflegt. Beeindruckend ist der Wellnessbereich. Auf 900 m² gibt es u. a. eine Entspannungslandschaft mit finnischer und Bio-Sauna samt Maximusofen, Erlebnisduschen, Eisbad. *92 Zi. | Seebacher Str. 50–52 | Tel. 06322 93 00 | www.hotel-heusser.de* | €€€

HOTEL AN DEN SALINEN

Familiäres und komfortables Hotel in zentraler Lage mit schöner Aussicht über die Weinberge. *12 Zi. | Salinenstr. 40 | Tel. 06322 94 04 0 | www.hotel-an-den-salinen.de* | €

MERCURE HOTEL

Viersternehotel in direkter Nachbarschaft zu Wurstmarktplatz und Kurpark. Im Res-

taurant kocht ein waschechter Bretone. Komfortabel und modern eingerichtete Zimmer. *100 Zi. | Kurbrunnenstr. 30–32 | Tel. 06322 6010 | www.mercure.de |* €–€€

AUSKUNFT

TOURISTINFORMATION BAD DÜRKHEIM

Kurbrunnenstr. 14 | Tel. 06322 935140 | www.bad-duerkheim.com

ZIELE IN DER UMGEBUNG

FREILICHTMUSEUM RÖMERKELTER

(126 B3) (*🕮 J7*)

Das Museum finden Sie in *Ungstein* mitten in den weitreichenden Weinbergen 3 km nördlich von Bad Dürkheim. Es zeugt von der Hinterlassenschaft der einstigen Besatzer – schon die Römer bauten hier Wein an. Das alte Weingut mit gut erhaltenen Mauern und alter Sandsteinkelter ist ein beliebtes Ausflugsziel, von dem aus Sie einen herrlichen Weitblick über die Rheinebene genießen können.

LAMBSHEIMER BEACHBAR

(126 C3) (*🕮 K6*)

Die aufstrebende Wohngemeinde 14 km nordöstlich von Bad Dürkheim selbst ist kein typisch touristisches Ausflugsziel. Dem Nachtweideweiher sollten Sie im Sommer jedoch einen Besuch abstatten: ein Tag Strandurlaub in der Beachbar bei Cocktails, grooviger Musik und Livekonzerten (Mi). Besonders ruhig geht es unter der Woche zu, dann ergattern Sie sogar noch einen freien Platz in einer Hängematte. *Öffnungszeiten wetterabhängig | Nachtweide 2 | Tel. 06233 55650 | www.beachbar-lambsheim.de*

LUDWIGSHAFEN/MANNHEIM

(127 E–F 3–4) (*🕮 L6–7*)

Als Chemiestadt und Sitz des Branchenriesen BASF ist *Ludwigshafen*, (162 000 Ew.), 22 km östlich von Bad Dürkheim, weltweit bekannt. Der Konzern gilt als der größte in der Region und

Die Rheingalerie auf dem ehemaligen Gelände des Zollhofhafens ist Mittelpunkt Ludwigshafens

gibt 50 000 Menschen einen Arbeitsplatz. Im *BASF Visitor Center (Mo–Fr 9–17, jeden 2. Sa im Monat 9–16 Uhr | Carl-Bosch-Str. 38 | www.besucherzentrum.basf.de | Eintritt frei)* erfahren Sie auf 2000 m², fünf Stockwerken und mit 200 Exponaten mehr rund um den Chemiekonzern. Die zweitgrößte Stadt in Rheinland-Pfalz macht sich auch als Einkaufsmetropole einen Namen und damit *Mannheim* (315 000 Ew.) mit dem Barockschloss auf der anderen Seite des Rheins Konkurrenz. Die ● *Rheingalerie* mit 130 Geschäften liegt direkt am Ufer. Ansonsten hat Ludwigshafen touristisch eher weniger zu bieten. Fahren Sie trotzdem nicht nur hindurch, sondern besuchen Sie den gewaltigen *Ebertpark,* der mit der Eröffnung der Süddeutschen Gartenbauausstellung 1925 eingeweiht wurde. Im *Wilhelm-Hack-Museum (tgl. 11–18 Uhr | Berliner Str. 23 | Eintritt ab 7 Euro)*, dessen Außenwand von Joan Miró gestaltet wurde, wechseln Ausstellungen namhafter Künstler. Gehen Sie abends ins ● *Theater im Pfalzbau (Tel. 0621 5 04 25 58 | www.theater-im-pfalzbau.de)*, wo sich klassisches Schauspiel mit dynamischem Tanz und anmutigem Ballett abwechselt.

WACHENHEIM (126 B4) *(🕮 J7)*
Eines der malerischsten Dörfer an der Weinstraße, 3 km südlich von Bad Dürkheim, ist Sitz einer der größten Sektkellereien Deutschlands: Schloss Wachenheim. Darüber thront die Ruine der *Wachtenburg* aus dem 12. Jh., die beim Burg- und Weinfest im Juni samt dem dazugehörigen Ort (4680 Ew.) aus allen Nähten zu platzen droht. Dann werden Sie auch in einem der guten Restaurants kaum mehr einen Platz bekommen, etwa in der *Gerümpelstube (Hintergasse 4 | Tel. 06322 85 50 | Mi/Do Ruhetage | €€)*. Deutsche und pfälzische Kreationen kommen hier in geschmackvollen Variationen auf den Tisch. Pfälzer Spezialitäten, u. a. ausgezeichneten Saumagen, bekommen Sie in der ● *Metzgerei Hambel (Hintergasse 1 | www.metzgerei-hambel.de)*.

DEIDESHEIM

(126 B4–5) *(🕮 J8)* **Der Weinbauort Deidesheim (3700 Ew.) ist fraglos der Ort mit den namhaftesten Winzerbetrieben in der Pfalz.**
Seit 770 wird in der Verbandsgemeinde Weinbau betrieben. Eine andere Tradition ist hier jedoch fast ebenso wichtig: die Geißbockversteigerung. „Gut gebeutelt und gehörnt" muss der nach alter Sitte sein, die aus dem Jahr 1404 stammt, als die Gemeinde Lambrecht als Gegenleistung für Weiderechte einen Geißbock zu liefern hatte.

SEHENSWERTES

ANDREASBRUNNEN
Der Andreasbrunnen auf dem Marktplatz von Deidesheim führt mit seiner Röhrenleitung Wasser der aus dem Sensental entspringenden Michaelsquelle in die Stadt. Der Brunnen ist 1851 nach dem Vorbild italienischer Renaissance entstanden und zeugt von der Kunst pfälzischen Eisengusses.

GEISSBOCKBRUNNEN
Der Geißbockbrunnen gegenüber der Stadthalle in der Bahnhofstraße ist ein ganz besonderes Wahrzeichen. Der Bildhauer Gernot Rumpf baute ihn 1985. Er erinnert mit seinen gusseisernen Böcken an die traditionelle Geißbockversteigerung, die jedes Jahr im Mai dafür sorgt, dass es in den Straßen kein Durchkommen mehr gibt.

HISTORISCHES RATHAUS

Das Gebäude direkt am Marktplatz ist der Blickfang in Deidesheim. Innen ist der Ratssaal das Prunkstück, außen die prunkvolle Treppe mit ihren goldfarbenen Geländern. Das barocke Haus aus dem Jahr 1532 zählt zu den schönsten in der Pfalz und ist das wohl am meisten fotografierte Bauwerk der Region.

Deidesheimer Rathaus – die Freitreppe mit Baldachin errichtete 1724 ein Tiroler

MUSEUM FÜR FILM- UND FOTOTECHNIK

Neben dem ältesten Gasthaus der Pfalz, der Kanne (seit 1374), finden Sie die gute alte Leica und weitere Meisterwerke der Optik, Mechanik und Elektronik – Maschinen, die zum Teil aussehen, als wären Sie Bastelwerke aus dem Überraschungsei. Und Sie erfahren, wie die Bilder laufen lernten. *Mi–Sa 14–18, So 11–18 Uhr | Weinstr. 33 | www.dftm.de | Eintritt 2,50 Euro*

MUSEUM FÜR WEINKULTUR

Im Museum für Weinkultur im Rathaus erfahren Sie, wie das Winzerleben in der Zeit um 1900 war. Alte Flaschen und Amphoren, Etiketten aus vergangenen Zeiten und schmuckvolle Gläser sind auf drei Stockwerken ausgestellt. An einer interaktiven Medienstation erfahren Sie per Knopfdruck alles zum Thema Wein und über die Pfalz. *März–Dez. Mi–So 16–18 Uhr | www.weinkultur-deidesheim.de | Eintritt frei*

ESSEN & TRINKEN

DEIDESHEIMER HOF

Mit der Krone in Herxheim-Hayna ist der ★ *Schwarze Hahn (So–Di Ruhetage | €€€)*, das der Deidesheimer Hof beheimatet, das wohl bekannteste Restaurant in der Pfalz. Beide sind mit einem Michelinstern ausgezeichnet, doch nur hier im Schwarzen Hahn ging Altbundeskanzler Helmut Kohl als Stammgast ein und aus, nicht selten hatte er Staatsgäste im Schlepptau. Zum D-Hof, wie der Hof im Volksmund heißt, gehört neben einem edlen Hotel auch die Weinstube *Sankt Urban (kein Ruhetag | €€–€€€)*, in der man die Kreationen des Küchenchefs Stefan Neugebauer etwas günstiger bekommt. *28 Zi. | Am Marktplatz | Tel. 06326 96870 | www.deidesheimerhof.de*

KIRCHENSTÜBEL

„Ebbes vun allem" ist das Motto in dieser urgemütlichen Weinstube. Küchenchef Peter Rau fährt die pfälzische Linie auf hohem Niveau – ein großes, zufriedenes Stammpublikum ist die Folge. *Kirchgasse 8 | Tel. 06326 8268 | Di/Mi Ruhetage | €–€€*

INSIDER TIPP TURMSTÜBL

Kleine, feine, gehobene Weinstube, die modernes Ambiente in dicke Sandsteinmauern integriert hat. Spezialitäten sind die Weincremesuppe und der warme Spitzbub, ein Weinkäse mit Wildpreiselbeerdressing. *Turmstr. 3 | Tel. 06326 981081 | www.turmstuebel.de | Mo Ruhetag | €*

EINKAUFEN

BIFFAR

Fast alles, was Obst ist, wird bei Biffar kandiert – außer Himbeeren oder Weintrauben. Auch Ingwer und Melone kommen in die Zuckerlösung. *Niederkirchener Str. 15 | www.biffar.com*

FREIZEIT & SPORT

Deidesheim ist Ausgangspunkt vieler schöner Touren zu Fuß oder mit dem Bike. Mit dem Fahrrad starten Sie zu erlebnisreichen Rundtouren in die umliegenden Weindörfer oder bis nach Speyer. Der 516 m hohe Eckkopf und die Heidelöcher, Reste einer frühmittelalterlichen Fliehburg, sind mit passendem Schuhwerk sehenswerte Ziele. Infos gibt es beim Touristservice.

AM ABEND

INSIDER TIPP CASINO LOUNGE

Gedämpftes Licht, sorgfältig ausgewählte Hintergrundmusik und ein gutes Glas Wein – in dieser entspannten Atmosphäre trifft sich vor allem die Ü-30-Generation. *Schlossstr. 10 | www.casino-deidesheim.de | So–Di Ruhetage*

ÜBERNACHTEN

LANDHOTEL LUCASHOF

Drei Autominuten von Deidesheim entfernt liegt dieses ruhige, freundliche und stilvolle Hotel mit mediterraner Note. Beim Frühstück haben Sie einen tollen Ausblick auf das Haardtgebirge. *7 Zi. | Wiesenweg 1 | Tel. 06326 336 | www.lucashof.de | €€*

STEIGENBERGER

Im angloamerikanischen Stil der 1930er- bis 1950er-Jahre eingerichtet, bietet dieses Hotel jeden erdenklichen Komfort – Restaurant mit internationalen Gerichten und kreativer Küche sowie Sauna und Dampfbad inklusive. Direkt am Stadtpark gelegen. *124 Zi. | Am Paradiesgarten 1 | Tel. 06326 9700 | www.steigenberger.com | €€–€€€*

AUSKUNFT

TOURISTSERVICE

Bahnhofstr. 5 | Tel. 06326 96770 | www.deidesheim.de

ZIEL IN DER UMGEBUNG

FORST ★ (126 B4) (*J8*)

Es dauert mit dem Auto keine fünf Minuten, zu Fuß sind es etwa 20, bis Sie das kleine Dorf (810 Ew.) nur wenig nördlich von Deidesheim erreicht haben. Ihr Fahrzeug stellen Sie am besten am Ortseingang ab und spazieren parallel zur Umgehung in den „alten" Teil der Weinstraße hinein, wo sich romantische Winzerhöfe aneinanderreihen, die in ihren Anwesen von guten Zeiten zeugen. Von hier stammen mit die besten Rieslinge der Region (etwa von den Weingütern Eugen Müller, Acham-Magin oder Heinrich Spindler), und die passende Speisenauswahl vom Leberknödel über das Rumpsteak bis hin zu gehobenen Küchenkreationen bekommen Sie hier in Forst ebenfalls.

Machen Sie vorher einen Spaziergang durch die „besten Weinlagen der Pfalz" um den Ort herum, die so klingende Namen wie Kirchenstück, Jesuitengarten, Pechstein oder Ungeheuer tragen. Einkehren können Sie zum Beispiel im *Gutsausschank Heinrich Spindler (Weinstr. 44 | Tel. 06326 58 50 | So/Mo Ruhetage | €€)*, in dem pfälzische Küche und Klassisches gereicht wird, im Sommer auch im herrlichen Garten. Auf bodenständige Regionalküche dürfen Sie sich auch im *Zum Schockelgaul (Weinstr. 96 | Tel. 06326 56 69 | www.schockelgaul.de | Mi–Sa mittags geschl., Mo/Di Ruhetage | €–€€)* freuen, einer liebevoll urig eingerichteten Weinstube, in der Sie die typische Pfälzer Gastlichkeit erleben.

EDENKOBEN

(130 C1) (*H9*) **Am Ostrand des Pfälzerwalds, am Ende des Edenkobener Tals, erstreckt sich der staatlich anerkannte Luftkurort (6720 Ew.) mittlerweile bis zur A 65.**

Die Autobahn führt direkt an der Verbandsgemeinde vorbei, Sie sollten jedoch die Ausfahrt nehmen und dem Ort einen Besuch abstatten. König Ludwig ließ hier eine prachtvolle Sommerresidenz errichten, mit deren Bau 1846 begonnen wurde. Nur ein paar Meter weiter geht es mit einem Sessellift durch eine Schneise hinauf auf den 618 m hohen Blättersberg. Von der Rietburg aus können Sie sich ein Bild von der Stadt machen: Viele verwinkelte Gassen sind gesäumt von blumengeschmückten Häusern in Fachwerkarchitektur.

Farbenfroher Frühling: Mandelblüte an der Weinstraße bei Edenkoben

SEHENSWERTES

MUSEUM FÜR WEINBAU UND STADTGESCHICHTE

Die mehr als 1400 Jahre alten sterblichen Überreste eines Paars, die in einem merowingischen Grab östlich von Edenkoben gefunden wurden, sind wohl das beeindruckendste Ausstellungsstück in dem Museum für Stadtgeschichte. Es sind darüber hinaus noch weitere interessante Exponate zu sehen, die eindrücklich die Geschichte der Stadt und ihre Entwicklung dokumentieren. Etwa den technischen Fortschritt, als Edenkoben mit Kraftwerk, elektrischer Oberlandbahn sowie Telefon ins 20. Jh. durchstartete. Die Frauen, so ist in einer alten, ausgestellten Küche zu sehen, bekamen vom damaligen Fortschritt dagegen offensichtlich nur wenig mit. *Ende März–Sept. Sa/So 14–17, Mi 10–12, Fr 15–18 Uhr | Weinstr. 86 | www.museum-edenkoben.de | Eintritt 2 Euro*

RIETBURG

Die Ruine der Hangburg hat nicht viel mehr zu bieten als eine Aussichtsplattform, von der aus Sie über einige Treppen die Reste eines Turms erklimmen können, um einen noch besseren Blick über die Rheinebene zu haben. Hinter der Burg im Wald gibt es einen kleinen Abenteuerspielplatz und ein recht großes Tiergehege, in dem Ziegen gefüttert werden können. Eigentliche Attraktion jedoch ist der Weg, der nach oben auf die Burg führt. Mit der *Rietburgbahn (März–Nov. tgl. 9–17 Uhr | 7 Euro (Berg- und Talfahrt) | www.rietburgbahn-edenkoben.de)* geht es am Schloss Villa Ludwigshöhe bergauf, mit einem nicht ganz modernen Sessellift – eine abenteuerliche Fahrt!

Ein Knabe im Adamskostüm erinnert auf dem Werdersberg an den Deutsch-Französischen Krieg

SIEGES- UND FRIEDENSDENKMAL

In der Halle unter dem Torbogen sind Büsten und Medaillons von Fürsten, Staatsmännern und Militärs der Reichsgründungszeit zu sehen. Eindrucksvoll der Herold hoch zu Ross mit der emporgestreckten Friedenspalme. Von der Terrasse des Denkmals im Wald oberhalb der Stadt, das an den Sieg im Deutsch-Französischen Krieg 1870/71 erinnert, können Sie die ganze Schönheit und Vielfalt der Weinstraße erleben. Dazu müssen Sie allerdings den Werderberg oberhalb der Stadt erklimmen (mit dem Auto 10, zu Fuß 30 Min.). Stärken können Sie sich tagsüber in der *Waldgaststätte (Tel. 06323 5918 | Mo geschl. | €)* bei preiswerter Pfälzer Hüttenkost.

VILLA LUDWIGSHÖHE ★

Die einstige Sommerresidenz König Ludwigs von Bayern wirkt mit ihrer Säulenfront wie ein toskanisches Anwesen. Nicht nur der Blick, den Sie von hier oben genießen, ist einen Besuch der Villa wert. Im Innern sind in verschiedenen Räumen einige pompejische Wandmalereien und Mosaikböden nach römischen Vorbildern erhalten – mit Filzpantoffeln durchstreift man die Villa, in der der Prunk allgegenwärtig ist. Hier ist die *Max-Slevogt-Galerie* untergebracht, die u. a. Landschaftsmalereien zeigt, für die der Künstler nicht nur in der Pfalz bekannt war. Sie kann auch ohne Führung besucht werden. *April–Sept. 9–18, Okt.–Nov. 9–17 Uhr, am 1. Werktag der Woche geschl. | www.schloss-villa-ludwigshoehe.de | Eintritt 6 Euro*

ESSEN & TRINKEN

GUTSHOF ZIEGELHÜTTE

Eine umfangreiche Speisekarte mit „crossover"-Küche erwartet die Gäste in diesem bio-zertifizierten Haus, das als Institution im Ort gewertet werden darf. Sehr gute Qualität. Regionales überwiegt. Besonderheiten des Restaurants, das auch mit namhaften Pfälzer Winzern zusammenarbeitet: Themenmenüs und Dinner-Shows. *Luitpoldstr. 79 | Tel. 06323 1551 | www.restaurant-edenkoben.de | kein Ruhetag | €€*

WEINSTUBE EDEL-BRAUCH

Moderner eingerichtete Weinstube, in der Sie am Wochenende aus dem Repertoire des Wein- und Sektguts Edel-Brauch kosten können. Dazu werden pfälzische Gerichte, saisonal auch Wild oder Spargel angeboten. *Fr/Sa ab 17, So ab 11 Uhr | Sankt Martiner Str. 30 | Tel. 06323 2555 | www.edel-brauch.de | €–€€*

EINKAUFEN

INSIDER TIPP WEINGUT PETER GRAEBER

Edel und süß – damit hat sich die aufstrebende Winzerin Nicole Graeber einen Namen gemacht. Unter diesem Slogan vertreibt sie Kombipakete aus ausgesuchten Weinen und exquisiter Schokolade, die ein neues Geschmackserlebnis

LOW BUDG€T

Die *Villa Rustica (Eintritt frei)* bei Wachenheim ist ein altes römisches Landgut, das 1980 bei der Flurbereinigung entdeckt und fast vollständig ausgegraben wurde. Das Freilichtmuseum an der B 271 ist ganzjährig geöffnet und liefert erstaunliche Einblicke in römisches Leben.

Hinter der protestantischen Kirche in Gönnheim sind sieben gut erhaltene Sarkophage aus der Zeit um 400 n. Chr. im *Freilichtmuseum Gönnheim (Ludwigstr. | Eintritt frei)* zu sehen. Schautafeln zeigen die Grabbeigaben.

offenbaren. Es ist erstaunlich, was sich am Gaumen abspielt, wenn eine dunkle Edelschokolade mit hohem Kakaoanteil auf einen Cabernet-Sauvignon trifft. Unbedingt probieren! *Schantzstr. 21 | www.edelundsuess.com*

FREIZEIT & SPORT

NORDIC WALKING

Rund um das Schloss Villa Ludwigshöhe walken Sie auf drei Strecken der Kategorien leicht bis anspruchsvoll (4,5, 6 und 10,5 km) auf den Spuren von Königin Therese durch die Weinbergslagen Schlossberg und Klosterpfad, durch die Lage Prinzregent Luitpold geht's um den Hilschweiher und Villa Ludwigshöhe und durch die Lage König Ludwig erreichen Sie den Kohlplatz. *Nähere Informationen beim Büro für Tourismus*

ÜBERNACHTEN

PFÄLZER HOF

Hinter hübschem Fachwerk verbirgt sich dieses kleine Hotel, das mit modernen und gepflegten Zimmern ausgestattet ist. Das Ambiente im Restaurant erinnert an die Zeit König Ludwigs. *30 Zi. | Weinstr. 85 | Tel. 06323 938910 | www.pfaelzerhof-edenkoben.de | €€–€€€*

PRINZREGENT

Komfortables und modernes Viersternehotel mit Sauna, Weinstube und Restaurant, mitten in den Weinbergen gelegen; für etwas ruhigere Ferien. *36 Zi. | Unter dem Kloster 1 | Tel. 06323 9520 | www.prinzregent-edenkoben.de | €–€€*

AUSKUNFT

BÜRO FÜR TOURISMUS

Poststr. 23 | Tel. 06323 959222 | www.garten-eden-pfalz.de

ZIELE IN DER UMGEBUNG

BURRWEILER (130 C2) (*H10*)

Prunkstück des Weindorfs (800 Ew.), 7 km südlich von Edenkoben, ist die *Annabergkapelle,* die 130 Jahre lang Pilger auf den Annaberg zog. Auch eines der bekanntesten Weingüter der Südpfalz, *Herbert Meßmer (Gaisbergstr. 5 | Tel. 06345 2770)*, ist hier beheimatet, das vor allem Riesling und hervorragende Burgunderweine produziert.

Im Gutsausschank *Burrweiler Mühle (Tel. 06323 980751 | www.burrweilermuehle.de | Mi–Sa ab 15, So ab 12 Uhr | €€)* bekommen Sie einen „ehrlichen" Schoppen, deftig-pfälzische Gerichte und Spezielles wie die Blutwurst-Lasagne. Im Sommer lockt der herrlich angelegte Mühlengarten am Weiher.

EDESHEIM (130 C1) (*H10*)

Die Weinbaugemeinde (2300 Ew.) 3 km südlich von Edenkoben wurde erstmals im Jahr 714 erwähnt und zieht mit ihren Attraktionen viele Blicke auf sich: Der *Alte Posthof*, das *Schloss Edesheim,* die Kirche *Sankt Peter und Paul* oder das *Holbach-Schlösschen* prägen das Ortsbild. Von der Weinstraße aus erreichen Sie die Bauwerke im Nu. Kehren Sie ein im INSIDER TIPP *Wein-Castell Diehl (Staatsstr. 21 | Tel. 06323 938940 | www.wein-castell-edesheim.de | Mo/Di Ruhetage | €€)*, wo Sie eine abwechslungsreiche Küche mit regionalen Produkten erwartet. Namensvetter ist das *Wein- und Sektgut Diehl (Eisenbahnstr. 3a | Tel. 06323 938930 | www.diehl-wein.de)*, das zuverlässige Qualität bei Weinen und ausgezeichnete Sekte liefert.

MAIKAMMER (130 C1) (*H9*)

Wenn Sie auf die höchste Erhebung der Pfalz gelangen wollen, die fast 700 m hohe *Kalmit,* kommen Sie an Maikammer (4280 Ew.), 2,5 km nördlich von Edenkoben, nicht vorbei. Sie werden Ihren Wagen zwischen tollen Fachwerkhäusern vorbeilenken, die schmiedeeisernen Schilder entlang der Straßen bewundern, zwischenzeitlich aussteigen, um sich die schmucken Patrizierhöfe anzuschauen, den Blick über die barocke *Kirche* und die *Alsterweiler Kapelle* mit dem prächtigen Flügelaltar schweifen lassen und sich angesichts guter Gastronomie vielleicht doch überlegen, ob Sie nicht erst mal im Ort bleiben. Genießen Sie ein gutes Glas Wein, einen Hauch toskanisches Ambiente und Frischeküche im *Gasthaus zum Winzer (Weinstr. Süd 8 | Tel. 06321 5410 | www.gasthaus-zum-winzer.de | Mo/Di Ruhetage | €€–€€€)*. Und wenn Sie dann doch auf den Gipfel wollen, packen Sie sich festes Schuhwerk ein, parken auf halber Strecke zur Kalmit und laufen den Rest (etwa 1,5 Std.). Oben werden Sie im *Weingut Stachel (Bahnhofstr. 40 | Tel. 06321 5112 | www.weingut-stachel.de)* mit Wein bester Qualität belohnt. Das Gut hat in den letzten Jahren vor allem durch seine Barriqueweine auf sich aufmerksam gemacht.

RHODT UNTER RIETBURG

(130 C1) (*H10*)

Die schönste Straße der Pfalz, wie die Theresienstraße genannt wird, zeigt sich im Sommer und im Herbst von ihrer schönsten Seite und bietet nicht nur viele Einkehrmöglichkeiten und ausgezeichnete Weingüter, wie *Thorsten Krieger* (Hausnummer 71, bekannt für seine Rotweine aus dem Barrique) und *Knut Fader* (Hausnummer 62, erfolgreich mit weißen Burgundersorten). Tolle Fotomotive finden Sie, wenn Sie auf dem Kopf-

Die vielleicht schönste Straße der Pfalz: Theresienstraße in Rhodt unter Rietburg

steinpflaster unter gewaltigen Kastanienbäumen zwischen Fachwerkhäusern, die aussehen, als wären sie einfach so zusammengesteckt und wie bei einer Modelleisenbahnlandschaft drapiert, bergauf laufen. An den Wochenenden sind in Rhodt (1100 Ew.), 2,5 km südlich von Edenkoben, viele Besucher unterwegs. In der *Alten Rebschule (37 Zi. | Theresienstr. 200 | Tel. 06323 70440 | www.alte-rebschule.de | €€)* übernachten Sie mit herrlichem Blick über die Weinberge, auf die Sesselbahnauf und die Villa Ludwigshöhe, einstige Sommerresidenz König Ludwigs von Bayern.

SANKT MARTIN (130 C1) (*H9*)
Wenn im Frühjahr die Mandelbäume blühen, erwacht der kleine schmucke Weinort (1900 Ew.), 3 km nördlich von Edenkoben, wieder zum Leben. Er liegt etwas fernab von den Touristenpfaden entlang der Weinstraße. Der Kropsbach schlängelt sich zwischen traumhaftem Fachwerk, auf dem Kirchplatz gibt der heilige Martin von Tours der Gemeinde Schutz. Schatten wirft nur die Martinuskirche mit dem Bibelgarten, in dem Pflanzen wachsen, die im heiligen Land oder der christlichen Mythologie zu finden sind. Weiter oben thront die etwa um das Jahr 1200 erbaute *Kropsburg*.

FREINSHEIM

(126 C3) (*J6–7*) **Seit 5000 Jahren sollen in Freinsheim (5000 Ew.), der wohl schönsten Gemeinde der Pfalz, kontinuierlich Menschen gelebt haben.** Nicht immer friedlich. Eines der imposantesten Bauwerke der Pfalz, die mächtige, 1300 m lange und bis zu 8 m hohe mittelalterliche Stadtmauer mit ihren drei Türmen – zwei davon beherbergen heute ein Theater und Hotelzimmer – wurde während des Pfälzischen Erbfolgekriegs 1689 schwer beschädigt. Elf Jahre später erfolgte der Wiederaufbau. Einige schöne Bürgerhäuser entstanden rund um den Rathausplatz in der Ortsmitte, die heute den Charme des Weinbauorts ausmachen. Die Türme als Teil der Stadtmauer dienten als Aussichtstürme der Wehranlage, die noch heute ein Stück Uneinnehmbarkeit vermittelt.

SEHENSWERTES

EISENTOR
Das gewaltige Tor mit den mächtigen Türmen ist das Nadelöhr, durch das die meisten Besucher in den Stadtkern gelangen. Über der Durchfahrt prangen die Jahreszahl 1514, das Erbauungsjahr, und das Wappen der Kurpfalz, die mit dem Tor ihre Macht demonstrierte. Sie treffen bei dem etwa 30-minütigen Rundgang entlang der Stadtmauer unweit des Ortskerns zwangsläufig darauf.

HISTORISCHES RATHAUS
Für viele der schönste Ort, um sich nach dem Ja-Wort in einer der umliegenden Kirchen fotografieren zu lassen. Meist stehen die Paare auf halber Strecke die sehenswerte Freitreppe hinauf zur Balustrade bis zum Ratssaal. In dem stattlichen, barocken Gebäude auf dem historischen Marktplatz, das um 1750 erbaut wurde und dem kurpfälzischen Unteramt bis 1800 als Verwaltungssitz diente, ist heute die Tourist-Information untergebracht.

RETZERHAUS
Das Herrenhaus aus dem 18. Jh. mit dem dazugehörigen, etwas verwunschen wirkenden Park ist so etwas wie das Wahrzeichen des barocken Stadtkerns. Heute dient das Gebäude als Stadtbücherei und Altenstube mit Vereins- und Ausstellungsräumen. *Retzerstr. 5*

TÜRME

In der Straße *Im Kitzig* befindet sich der *Casinoturm,* einer von drei Türmen, die von weither sichtbar sind. Er kann von Gruppen gemietet werden. Das obere Stockwerk ist mit rustikalen Tischen und Bänken möbliert. Hier hat das INSIDER TIPP *Theader Freinsheim* *(Tel. 06353 93 28 45 | www.theader.de)* seine Bühne, vor der bis zu 21 Zuschauer Platz finden, was die Spielstätte zum „vielleicht kleinsten Theater" der Welt macht. Der *Haintor-Turm* ist das beste Beispiel für die Verbundenheit der Freinsheimer Bürger mit ihrer Stadt. Dort, wo heute wilder Wein an den Mauern emporklettert, stand einst ein wesentlich höherer Turm. 1689 verlor er sein oberstes Stockwerk, 1819 wurde das baufällige Vorwerk abgetragen. Mit Engagement restaurierten die Freinsheimer den zweistöckigen Turm am Haintor, der heute für Feierlichkeiten genutzt wird.

Ob im *Herzogturm* einst die bösen Buben gefangen saßen? Wirklich geklärt ist das nicht. Doch der mächtigste Turm der Befestigungsanlage war immer rundum geschlossen, während die anderen zur Stadt hin offen waren. Im Herzogturm befindet sich ein einzigartiges kleines Hotel. Über steile und enge Treppen erreichen Sie die beiden Hotelzimmer, die über das Hotel *Altes Wasserwerk* (siehe Übernachten) gebucht werden können.

Eisentor Freinsheim – dahinter wartet der charmant gestaltete Stadtkern

ESSEN & TRINKEN

INSIDER TIPP FREINSHEIMER HOF

Den ehemaligen Pferdestall des Kreuzgewölbegangs eines alten Bauern- und Winzerhofs hat Küchenchef Holger Jacobs mühevoll renovierte und daraus für Kulinarik-Fans einen kleinen Gourmettempel geschaffen. Leichte, mediterran angehauchte Küche mit feinen Zutaten können Sie in edlem Ambiente des Hofs genießen. Der Service ist freundlich und kompetent. Ein Erlebnis rundum, das sich lohnt. *Breite Str. 7 | Tel. 06353 5 08 04 10 | www.restaurant-*

freinsheimer-hof.de | mittags außer So geschl., Mi/Do Ruhetage | €€€

WEINSTUBE AN DER BACH

Einerseits ist es die idyllische Lage unweit der Historischen Stadtmauer, die Gäste vor allem sommers lockt, wenn mit Blick auf den sehenswerten Vierröhrenbrunnen gespeist wird. Andererseits ist es natürlich das kulinarische Angebot, das begeistert: Pfälzer Kost, ehrlich, ohne überflüssiges Teller-Ikebana zubereitet ergänzt durch Saisonales. Längst kein Geheimtipp mehr. *An der Bach 4 | Tel. 06353 93093 | www.weinstube-an-der-bach.com | Do/Fr mittags geschl., Mi Ruhetag* | €€

WEINSTUBE SANKT MARTIN

Mediterran, pfälzisch, gemütlich und unterhaltsam – so präsentiert sich die Weinstube Sankt Martin. *Martinstr. 23 | Tel. 06353 6466 | www.weinstube-st-martin.de | Mi–Sa mittags geschl, Mo/Di Ruhetage* | €€

Beliebtes Ziel: das mittelalterliche Freinsheim

EINKAUFEN

LA LAVANDE

Sammler und Freunde historischer Stücke sollten den kleinen Laden direkt beim Eisentor aufsuchen. In dem Geschäft, das sich bis in die Mauern eines Turms verzweigt, zu stöbern mutet fast wie ein kleiner Museumsbesuch an. Alte Spiegel, Kisten und mehr gibt es hier zu entdecken. *Mi–Fr 14–18, Sa 11–18 Uhr | Herrenstr. 14 | www.lavande.de*

FREIZEIT & SPORT

KUTSCHFAHRTEN

Mit dem Planwagen zum Picknick im Weinberg oder im Landauer zu den schönsten Plätzen der Umgebung? Das *Weingut Kreuzhof (Erpolzheimer Str. 1 | Tel. 06353 1756 | www.weingut-kreuzhof.de)* bietet je nach Jahreszeit unterschiedliche Touren an *(Termine/Preise auf Anfrage).*

WANDERN

Laufen Sie auf den Spuren der Mackenbacher Wandermusikanten, entdecken Sie die Weinlage Schwarzes Kreuz oder marschieren Sie auf dem *Blütenwanderweg* durch Obsthaine nach Weisenheim am Sand und zurück – die Strecken sind leicht zu bewältigen und dauern ca. 1,5 Stunden. Eine größere Tour (ca. 4 Std., 18 km) führt durch das Naturschutzgebiet *Felsenberg*. *Infos erhalten Sie beim Verkehrsverein.*

ÜBERNACHTEN

ALTES WASSERWERK

Mitten in einem Park und dadurch relativ ruhig liegt das moderne Hotel in

Nähe des Stadtzentrums. Die Einrichtung des Hauses ist geschmackvoll und modern, die Zimmer sind komfortabel. Hier können Sie auch eine erinnerungsreiche Nacht in einem der beiden Zimmer des *Herzogturms* buchen – oder eine Weinprobe im angehörigen *Weingut Kassner-Simon. 31 Zi. | Burgstr. 9 | Tel. 06353 932520 | www.landhotel-altes-wasserwerk.de | €€*

HOTEL WEINHEBER

Innerhalb der mächtigen Stadtmauer nahe dem historischen Rathaus gelegen. Familiäre Atmosphäre. Die geräumigen Zimmer sind einfach ausgestattet. *13 Zi. | Hauptstr. 18 | Tel. 06353 959560 | www.hotel-restaurant-hornung.de | €*

WEISBROD

Große, helle, im Landhausstil eingerichtete Zimmer sind das Aushängeschild des Hotels, das sich nur etwa fünf Gehminuten vom Stadtkern entfernt befindet. *13 Zi. | Gewerbestr. 7 | Tel. 06353 7776 | www.weisbrod-freinsheim.de | €*

AUSKUNFT

VERKEHRSVEREIN

Hauptstr. 2 | Tel. 06353 989294 | www.stadt-freinsheim.de

ZIELE IN DER UMGEBUNG

ALTLEININGEN (126 A3) (*🕮 H6–7*)

Wie Kanonenrohre lugen 20 Rohre aus der Sandsteinmauer. Aus ihnen fließt unablässig Wasser. Was Sie in Altleiningen (1750 Ew.), 14,5 km westlich von Freinsheim, sehen, ist eine ganz seltene Brunnenanlage, vermutlich aus dem 16. Jh. Eine Inschrift in Form eines Dialogs zwischen dem Brunnen und einem Wanderer informiert darüber, dass das Wasser „ewig ergötzt". Das soll es auch im *Schwimmbad (tgl. 8.30–19 Uhr | Burgstr. | Eintritt 4 Euro)* im alten Burggraben unterhalb der Festung, das im Sommer wohlige Abkühlung verschafft.

BATTENBERG (126 B2) (*🕮 H6*)

Ein beliebter Ausgangspunkt für Wanderungen in den Pfälzerwald ist der kleine Ort Battenberg (390 Ew.), 9 km nordwestlich von Freinsheim. Von hier führt ein blau-weiß markierter Weg zum tief im Wald gelegenen *Ungeheuersee* und zum *Forsthaus Lindemannsruhe (Tel. 06359 2196 | www.hofgut-battenberg.de | Mi–Fr mittags geschl., Mo/Di Ruhetage | €€)*. In der Schenke der trutzigen Burg, von der nur noch die Ringmauern und Teile eines Turms erhalten sind, können Sie gut essen.

GRÜNSTADT (126 B2) (*🕮 H–J6*)

Grünstadt (12 900 Ew.), 9,5 km nördlich von Freinsheim, gilt als Zentrum der Unterhaardt, die Fußgängerzone mit vielen Geschäften zieht Menschen aus dem Umland an. Im Ortsteil Sausenheim liegt das Lokal *Bienenbrunnen (Hintergasse 2 | Tel. 06359 810925 | www.bienenbrunnen.de | Mo/Di Ruhetage | €€€)*, das mit französischer Küche Abwechslung zur Pfälzer Küche bietet. Eine beliebte Anlaufstelle für Feinschmecker.

KALLSTADT (126 B2) (*🕮 J7*)

Den Weinbauort (1200 Ew.) 3 km südwestlich von Freinsheim umgibt die berühmte Weinlage *Saumagen*. Den können Sie hier nicht nur trinken, sondern auch in vielen Variationen essen. Kallstadt hat mit etwa 20 Betrieben, von der einfachen Weinstube bis zum gehobenen Gourmetrestaurant, eine besonders vielfältige Gastronomie. Hohen Bekanntheitsgrad im Ort genießt das *Weinhaus Henninger (Weinstr. 93 | Tel. 06322 2277 | www.weinhaus-henninger.*

de | kein Ruhetag | €€–€€€), das pfälzische sowie klassische Küche auf hohem Niveau anbietet. Spitzenweine, die auch „beim Henninger" ausgeschenkt werden, kommen von Bernd Philippi vom *Weingut Koehler-Ruprecht (Weinstr. 84 | Tel. 06322 18 29)*.

Wie gemalt: Neuleiningens Weinberghänge gedeihen gut in der Morgensonne

LAUMERSHEIM (126 C2) *(🕮 J6)*

Der kleine Weinbauort (880 Ew.), 7 km nördlich von Freinsheim, genießt vor allem wegen seiner hervorragenden Rotweine einen guten Ruf – weit über die Grenzen der Pfalz hinaus. Das *Weingut Knipser (Hauptstr. 47 | Tel. 06238 742 | www.weingut-knipser.de)* räumt die meisten Preise ab. Sollten Sie in der Gegend sein, dann machen Sie hier einen Zwischenstopp.

NEULEININGEN (126 B2) *(🕮 H6)*

Hoch oben auf die *Burg*, 9,5 km nordwestlich von Freinsheim, haben es auch schon die Tennislegenden Andre Agassi und Steffi Graf geschafft. Die Festungsruine ist Wahrzeichen von Neuleiningen (810 Ew.). Sie wurde etwa um das Jahr 1240 erbaut und bietet einen Wahnsinnsblick in alle Himmelsrichtungen. Etwas unterhalb der Burg gibt es das gute Restaurant **INSIDER TIPP** *Burggraf (Mittelgasse 11 | Tel. 06359 28 26 | www.zumburggraf.de | Do Ruhetag | €€)*, in dem Sie leckere Fleischkreationen genießen können, zum Beispiel das saftige Cordon bleu. Ganz heißer Tipp ist das Fondue auf Vorbestellung. Neuleinigen verführt mit seinen verwinkelten und malerischen Gassen so manchen Besucher.

WEISENHEIM AM BERG
(126 B3) *(🕮 H6)*

Weisenheim am Berg (1700 Ew.), 5 km westlich von Freinsheim, gilt als Edelweindorf und ist Ausgangspunkt für schöne Wanderungen zum im Wald gelegenen *Ungeheuersee* (etwa 45 Min.), dessen Silhouette von der protestantischen Kirche aus dem 13. Jh. und der katholischen Kirche von 1933 geprägt wird, die sich aber aufgrund ihres Baustils gut ins anschauliche, historisch geprägte Stadtbild einfügt.

Erste kulinarische Adresse im Ort ist das INSIDER TIPP *Admiral* *(Leistadter Str. 6 | Tel. 06353 4175 | www.admiral-weisenheim.de | Mo/Di geschl. | €€€)*, in dem Küchenchef Holger Stehr hochwertige Zutaten kreativ kombiniert. Regionalität trifft hier auf Mediterranes.

Bürgerrechte erlangen Sie aber nicht durch Kenntnis der Gastronomie, sondern durch das sogenannte Stutzen, einen Brauch, der noch bis 1838 Bestand hatte. Anfang November wird hier anlässlich dieser Tradition ein großes Fest gefeiert.

LANDAU

KARTE IM HINTEREN UMSCHLAG
(130–131 C–D 2–3) (*H10–11*)

Die einstige französische Garnisons- und heutige Universitätsstadt Landau (44 000 Ew.) gibt sich charmant jugendlich.

In der modernen Fußgängerzone reihen sich hübsche und trendige Cafés und Kneipen aneinander, viele attraktive Geschäfte sind Ziel von Shoppingtouristen aus dem Umland. Landau ist mit den Ortsteilen Arzheim, Dammheim, Godramstein, Mörlheim, Mörzheim, Nussdorf, Queichheim und Wolmesheim eine der größten Weinbaugemeinden Deutschlands und blickt auf eine wechselhafte Geschichte zurück, die das Stadtbild bis heute prägt. Der lebendige Rathausplatz, gleichzeitig Marktplatz mit Bistros und Restaurants im Zentrum, ist beliebter Treffpunkt, umgeben von herrschaftlichen Gebäuden. Jeden Samstag findet hier ein Wochenmarkt statt – für die Landauer und die Menschen aus dem Umland Einkaufswelt und gesellschaftliches Ereignis zugleich. Entlang der Ringstraße, die das Zentrum einschließt, prägen die ehemaligen Garnisonsunterkünfte der Franzosen, zahlreiche Parks wie der Schillerpark sowie die typischen Bürgerhäuser aus dem späten 19. und frühen 20. Jh. das Stadtbild.

CITY **WOHIN ZUERST?**
Im **Frank-Loebschen-Haus** wurde Anne Franks Großvater geboren. Aber nicht alleine deshalb sollten Sie den dreigeschossigen, vierflügeligen Bau mit dauerhafter Ausstellung zur Geschichte der Juden in Landau und wechselnden Exponaten regionaler Künstler besuchen. Die beeindruckende Architektur, die ältesten Teile aus der Gotik, lassen sich auch gemütlich im Innenhof genießen, wenn die Weinstube Blum auch im Freien serviert. Von hier aus erkunden Sie die ganze Stadt. Bushaltestellen: Uni/Alter Messplatz und Hauptbahnhof, Parkhäuser sind ausgeschildert.

SEHENSWERTES

ALTES KAUFHAUS

Das Alte Kaufhaus am Rathausplatz diente im Mittelalter und in der frühen Neuzeit dem von der Stadt überwachten und besteuerten Zwischenhandel. Im Erdgeschoss waren die Woll-, Safran- und Fruchtwaagen sowie Eichgerätschaften untergebracht, im Obergeschoss lag der städtische Tanzsaal für die vergnüglichen Stunden. Heute dient das durch seinen treppenartigen Giebel ins Auge fallen-

Rathaus und Marktplatz Landau – von hier aus gemütlich den Stadtrundgang planen

de Haus, das 1838/39 umgebaut wurde, als Konzert-, Theater- und Veranstaltungsgebäude.

AUGUSTINERKIRCHE

Die gotische Basilika in der Augustinergasse stammt aus dem 14./15. Jh. Ihr Kreuzgang zählt zu den am besten erhaltenen in der Pfalz.

FESTUNG

Zweimal war Landau in der Hand der Franzosen. Zunächst ab 1680, als das gesamte Elsass zu Frankreich gehörte, dann erneut nach dem Zweiten Weltkrieg als Teil der französisch besetzten Zone. Architektonische Hinterlassenschaften des französischen Baumeisters Sébastien de Vauban sind das *Französische Tor* am Obertorplatz und das *Deutsche Tor* am Untertorplatz im Südwesten bzw. Nordosten der damaligen Festung, die zwischen 1688 und 1691 entstand und von der Hauptwall und Trockengräben noch gut erhalten sind. Gebaut wurden die Zugänge in Form von römischen Triumphbögen, über denen das Wappen der Bourbonen unterhalb von vielen Ornamenten eingearbeitet ist.

FRANK-LOEBSCHES-HAUS ★

In dem dreigeschossigen, vierflügeligen Bau mit den rund umlaufenden Holzgalerien finden einmal im Jahr die Weintage der Südlichen Weinstraße statt. Wenn es im Mai oder Juni sehr heiß ist, kann man die beeindruckende Architektur kaum genießen, weil in den verwinkelten Räumen kein Luftzug geht. Das Geburtshaus des Großvaters von Anne Frank ist der Begegnung und Kommunikation gewidmet, neben einer dauernden Ausstellung zur Geschichte der Juden sind auch wechselnde Ausstellungen regionaler Kunst zu sehen. *Di–Do 10–12 und 14–17, Fr–So 11–13 Uhr | Kaufhausgasse 9 | Eintritt frei*

JUGENDSTILFESTHALLE

Der denkmalgeschützte Bau – einer der bedeutendsten Festspiel- und Theaterbauten des Jugendstils im süddeutschen Raum, ist als multifunktionale Eventhalle mit modernster Licht- und Bühnentechnik eine wichtige Institution für die Stadt. Die Halle hat also auch drinnen etwas fürs Auge zu bieten, wenn spektakuläre Shows oder namhafte Künstler auftreten. *Tel. 06341 13 90 00 | www.stadtholding.de*

MARIENKIRCHE

Baumeister Joseph Cades errichtete das Bauwerk 1907 bis 1911 in spätromanisch-gotischem Stil. Mit ihren zwei charakteristischen Türmen wirkt die Kirche am Marienring, eine der größten in der Pfalz, wie eine französische Kathedrale.

REPTILIUM

Gut möglich, dass Sie Schlange stehen müssen, um die Schlangen zu sehen. Aber auch gefährliche Kaimane, scheinbar harmlose Echsen und andere Kriechtiere sind hier die Stars. Fütterungen finden zu jeder vollen Stunde statt. *Tgl. 10–18 Uhr | Werner-Heisenberg-Str. 1 | www.reptilium.de | Eintritt 14,90 Euro*

RINGSTRASSEN

Ende des 19. Jhs. entstanden nach der Schleifung der Festungsmauern großzügige Ringstraßen mit prächtigen Bürgerhäusern entlang der ehemaligen Wälle. Sie trennen das Zentrum von den äußeren Bereichen der Stadt und sind pulsierende Lebensadern Landaus.

STÄDTISCHE GALERIE VILLA STRECCIUS

Helle, lichtdurchflutete Räume liefern in diesem pavillongleichen Gebäude aus der Gründerzeit beste Bedingungen für die Präsentation anspruchsvoller zeitgenössischer Kunst. *Okt.–Mai Di/Mi 17–20, Do–So 14–17 Uhr | Südring 20 | Eintritt frei*

INSIDER TIPP ZOO

Schon mehr als 100 Jahre alt ist der Landauer Zoo – doch längst nicht in die Jahre gekommen. Die Bären etwa haben ein großes und modernisiertes Gehege, auch der restliche Park mit den Tieren Asiens und Afrikas, wilden Affen oder dem Streichelzoo präsentiert sich in bestem Zustand. Der Tiergarten ist nicht sehr groß, aber dafür naturnah gestaltet und besonders familienfreundlich. *Tgl. April–Sept. 9–18, Nov.–Feb. 10–16 Uhr | www.zoo-landau.de | Eintritt 6,50 Euro*

ESSEN & TRINKEN

WEINSTUBE FÜNF BÄUERLEIN

Die Alternative zum Saumagen will man in der Weinstube Fünf Bäuerlein bieten – ohne auf den Weinstubencharakter zu verzichten. Dass das funktionieren kann, zeigt Gundula Grosse, die im gemütlichen Lokal Gerichte serviert, die man eher am Meer erwartet. INSIDER TIPP Die aromatische Fischsuppe ist köstlich! *Theaterstr. 2 | Tel. 06341 2 07 46 | Mo mittags, Sa abends geschl., So Ruhetag | €€*

WEINSTUBE ZUR BLUM

Im Ambiente des Frank-Loebschen Hauses hat sich die Weinstube Zur Blum etabliert. Das Speisenangebot können Sie auf einer überdimensionalen Tafel lesen. Zu den saisonalen Kreationen des Hauses werden ausgesuchte Weine – auch von jungen Winzern – angeboten. *Kaufhausgasse 9 | Tel. 06341 89 76 41 | www.zurblum.de | So/Mo Ruhetage | €€*

FREIZEIT & SPORT

LA OLA FREIZEITBAD ★

Das Schwimmbad in der Region: Riesenrutsche, Wellenbecken, Whirlpools. Besonders attraktiv ist die Saunawelt z. B. mit Blockhaussauna im Freien und türkischem Dampfbad. *Di–So 10–22 Uhr | Horstring 2 | www.la-ola.de | Eintritt ab 8 Euro*

AM ABEND

COLOSSEUM

Lounge, Bar und Dance-Club – im Colosseum trifft sich am Freitag und Samstag die Partyszene. *Wollmesheimer Höhe 5 | www.colosseum-landau.de*

ÜBERNACHTEN

PARKHOTEL

Die vier Sterne hat sich das imposante Hotel im Jugendstil, direkt neben dem malerischen Ostpark in der Nähe des Stadtzentrums, redlich verdient. Exklusive Zimmer, ein römisch anmutendes Bad, ganz viel Komfort, etwa im Wellnessbereich, und eine gemütliche Bar, um den Tag ausklingen zu lassen. *77 Zi. | Mahlastr. 1 | Tel. 06341 1450 | www.parkhotel-landau.de* | €€€

HOTEL SOHO

Modern, komfortabel, charmant – so lautet das Motto des Business- und Eventhotels, in dem Sie in stilvoll-modernen Zimmern übernachten. Das Restaurant verfügt über eine ausgezeichnete Küche, die Sie in der INSIDER TIPP Kochschule bei einem Kurs kennenlernen können. *60 Zi. | Marie-Curie-Str. 9 | Tel. 06341 141960 | www.soho-landau.de* | €€–€€€

AUSKUNFT

BÜRO FÜR TOURISMUS

Marktstr. 50 | Tel. 06341 138301 | www.landau.de

ZIELE IN DER UMGEBUNG

BAD BERGZABERN (130 B4) *(G12)*

Der Kurort (7700 Ew.) 16 km südwestlich von Landau ist ein beschauliches Städtchen, in dem Sie vor allem im Kurpark mit dem kleinen Weiher einen Hort der Ruhe finden. Hier können Sie das ganze Jahr über die ● Kneippanlagen kostenfrei nutzen. Prächtig ist das Renaissanceschloss mit den zwei mächtigen Türmen, in dem gern geheiratet wird. Die kleine Fußgängerzone im Zentrum hat einige nette Geschäfte und Cafés.

ESCHBACH (130 B3) *(G11)*

Die kleine Weinbaugemeinde (630 Ew.) 8 km westlich von Landau wartet mit der wunderschönen Festung, der ★ ● *Madenburg (im Sommer Mo Ruhetag, im Winter Mo/Di Ruhetage)*, auf, zu der Sie vom Parkplatz aus in ca. 45 Min. hochspazieren. Sie ist eine der größten und ältesten Burganlagen der Pfalz. Im Restaurant der Burg, auf der bei guten Bedingungen Gleitschirmflieger starten, gibt es gute pfälzische Küche.

SÜDPARK LANDAU

Blühende Landschaften lockten 2015 tausende Besucher auf den Ebenberg zur Landesgartenschau – mit einem Jahr Verspätung. Bombenfunde auf dem Gelände hatten die Eröffnung verzögert. Geblieben ist der *Südpark Landau (Georg-Friedrich-Dentzel-Str. 1 | Tel. 06341 130 | www.landau.de)*, eine beschauliche Parkanlage, die einen Querschnitt der hiesigen Landschaft zeigt, sowie ein moderner Spielplatz, ein Spiel- und Freizeitcampus für Jugendliche mit Sportanlage für Fußball, Basketball oder Dirtbiking.

FRANKWEILER (130 C2) *(🕮 H10)*
Nach Frankweiler (880 Ew.), 8 km nordwestlich von Landau, kommt man vor allem des Weins, der umliegenden Weinberge und des Essens wegen. Die INSIDER TIPP *Weinstube Brand (Weinstr. 19 | Tel. 06345 959490 | Di mittags geschl., So/Mo Ruhetage | €€)* bietet Ihnen Deftiges elegant zubereitet und hat mit ihren Gerichten den Sprung in namhafte Restaurantführer geschafft – zu Recht!

Man muss keine Prinzessin sein, um auf Schloss Bad Bergzabern heiraten zu dürfen

ILBESHEIM (130 C3) *(🕮 H11)*
Affenschaukel ist der skurrile Name eines Weinbergwegs, der beim mehr als 1200 Jahre alten Weinbauort Ilbesheim (1180 Ew.), etwa 5 km westlich von Landau, das ganze Jahr über nur spärlich die Besucher anlockt – trotz seiner tollen Lage zwischen den Reben und dem schönen Panoramablick zu den umliegenden Weindörfern.

Ende Juli, wenn das ● *Kalmitweinfest* steigt, das seinen Namen von dem kleinen, 270 m hohen Berg hat, an dem beste Weißburgunder gedeihen, reißt der Genießerstrom entlang der Ausschankstellen nicht ab.

KLINGENMÜNSTER
(130 B3–4) *(🕮 G11)*
Klingenmünster (2400 Ew.), 11 km südwestlich von Landau, ist ein beschaulicher Ort. Touristisches Aushängeschild ist die Burgruine Landeck. Unten im Ort bietet Wilfried Matthis in seiner urigen *Weinstube (Weinstr. 66 | Tel. 06349 1786 | www.wineroute66.de | Mo/Mi/Do mittags geschl., Di Ruhetag | €€)* typische Pfälzer Küche; bei Bedarf wird die Bratwurst wie die anderen Gerichte auch mit exotischen Gewürzen verfeinert. Nahezu einzigartig: In der Weinstube kommen nur ganze Weinflaschen auf den Tisch, Sie bezahlen am Ende lediglich das, was Sie tatsächlich getrunken haben.

GERMERSHEIM (131 F2) (*🗺 K10*)
Es ist auf den ersten Blick erkennbar, dass Germersheim (20 000 Ew.), 29 km östlich von Landau, früher eine bedeutende Festungsstadt war. Einige Teile der Festungsanlage sind heute noch gut erhalten und so in neu geschaffene Parkanlagen integriert, dass ein harmonisches Bild entsteht. Das *Straßenmuseum (Di 10–21, Mi–Fr 10–18, Sa/So 11–18 Uhr | www.deutsches-strassenmuseum.de | Eintritt 5 Euro)* im Zeughaus vermittelt einen tiefen Einblick in die Geschichte der Straßenbau- und Verkehrstechnik. Besonders sehenswert ist die vollautomatisch gesteuerte Modelleisenbahn mit Geräuschen. Sie wurde hier als erste ihrer Art in Deutschland in Betrieb genommen. Auch Modellautos fahren im Museum wie von Geisterhand.

LEINSWEILER (130 B3) (*🗺 G11*)
Wenn Sie an einem Samstag oder Sonntag nach Leinsweiler (400 Ew.) kommen, sollten Sie viel Zeit mitbringen. Das Weindorf 8 km westlich von Landau, dicht am Rand des Pfälzerwalds, ist einer der beliebtesten Orte – die Blechlawinen an den Wochenenden beweisen es. Kommen Sie unter der Woche und spazieren Sie durch das malerische Fachwerkzentrum, nehmen Sie sich etwas Zeit, und betrachten Sie in aller Ruhe die Sehenswürdigkeiten: die prachtvolle *Sankt Martinskirche* aus dem 13. Jh. und das *Renaissancerathaus,* neben dem ein Röhrenbrunnen plätschert. Eher praktisch jene Gerätschaften, die im INSIDER TIPP *Korkenziehermuseum (Mo-Mi 16–18 Uhr und nach Absprache | Sonnenberg 9 | www.korkenziehermuseum.de | Eintritt frei)* in einem alten Kellergewölbe aus dem Jahr 1722 zu sehen sind. Annette Minges und Oliver Steiner haben hier eine Sammlung von 850 Korkenziehern zusammengetragen – historisch, neu, witzig, bemerkenswert. Nach einem Besuch dort können sie in der Weinstube *Zum Kirchhölzel (Trifelsstr. 8 | Tel. 06345 28 47 | www.stuebinger.com | Mo–Mi Ruhetage | €–€€)* einkehren. Hier gibt es zu den gutseigenen Weinen und Sekten des *Weinguts Stübinger* ein reichhaltiges, bodenständiges Speisenangebot.

NEUSTADT AN DER WEINSTRASSE

KARTE IM HINTEREN UMSCHLAG
(126 B5–6) (*🗺 H–J 8–9*) **Neustadt (52 000 Ew.), am Mittelpunkt der Deutschen Weinstraße gelegen, ist die Wiege der deutschen Demokratie.**
Oberhalb, im Ortsteil Hambach, fand im Mai 1832 auf dem Hambacher Schloss das sogenannte Hambacher Fest statt, die erste Massendemonstration für ein freies und geeintes Deutschland, an der

WOHIN ZUERST?
Fragen Sie ruhig – Sie werden stets die gleiche Antwort bekommen: „Hinauf, hinauf zum **Schloss!**" So wie es schon 1832 beim Hambacher Fest schallte, so werden auch die Neustadter entgegnen, wenn sie sich erkundigen, was man denn als erstes gesehen haben sollte in der Stadt, über der das imposante Bauwerk im Ortsteil Hambach thront. Bushaltestelle Hambacher Schloss, direkt zu erreichen über die Linie 502 ab Hauptbahnhof. Kostenpflichtige Parkplätze vorhanden.

damals etwa 30 000 Menschen teilnahmen.

Die Stadt selbst zeigt sich von zwei Seiten: mit grauen Bauten und Hochhäusern, die so gar nicht in das Bild der Weinstraße passen wollen, und mit einer sehr sehenswerten Altstadt. Deren geschichtsträchtige Viertel aus dem Spätmittelalter erkunden Sie auf dem Weg durch verwinkelte Gassen, in denen viele einladende Weinstuben und Restaurants zu finden sind. In der Fußgängerzone zwischen Bahnhof und Marktplatz an der dominierenden *Stiftskirche* mit dem alten Rathaus gibt es einige interessante Einkaufsmöglichkeiten.

SEHENSWERTES

EISENBAHNMUSEUM

In einem der ältesten Lokschuppen Deutschlands sind auf einer Ausstellungsfläche von 4000 m^2 wunderschön erhaltene Exponate der Eisenbahngeschichte zu bewundern: 40 Schienenfahrzeuge, Dampfrösser mit mannshohen Antriebsrädern, wie zum Beispiel die pfälzische Schnellzugdampflok Bauart Crampton „Die Pfalz". Von Ostern bis Oktober fährt jeden zweiten Sonntag das *Kuckucksbähnel* nach Elmstein. *Di–Fr 10–13, Sa/So 10–16 Uhr | www.eisenbahnmuseum-neustadt.de | Eintritt 5 Euro*

HAMBACHER SCHLOSS ★

Hinter den dicken Mauern des Schlosses – im 11. Jh. als Burg erbaut – erfahren Sie alles zur Demokratiebewegung, wandeln über etliche Treppen durch Säle und auf Türme, von denen aus Sie einen herrlichen Talblick haben. Innerhalb einer Befestigung aus dem spätrömischen Reich wurde um 1100 wieder eine Burg gebaut, von der aus Heinrich IV. seinen Gang nach Canossa angetreten haben soll. Sie sollten sich viel Zeit nehmen für diese riesige Burg, auf der auch Nachbildungen der Reichsinsignien aus dem Heiligen Römischen Reich Deutscher Nation zu sehen sind. *Tgl. April–Okt. 10–18, Nov.–März 11–17 Uhr | www.hambacher-schloss.de | Eintritt 4,50 Euro*

Das Hambacher Schloss hält in seiner Ausstellung Geschichte fest

OTTO-DILL-MUSEUM

Schnelle Katzen und starke Pferde gehörten zu den Lieblingsmotiven des Pfälzer

Künstlers Otto Dill (1884–1957). 150 seiner Tier- und Landschaftsmalereien sind in dem ihm gewidmeten Museum zu sehen. Wagen Sie einen Blick auf die furiose Bewegungsdarstellung des Malers. *Mi und Fr 14–17, Sa/So 11–17 Uhr | Rathausstr. 12 | www.otto-dill-museum.de | Eintritt frei*

VILLA BÖHM

Schubladen, Schalter oder Lampen sowie Bücher zum Blättern – das Stadtmuseum in der Villa Böhm ist ein Ort zum Anfassen und Bewegen. So erkunden die Besucher der Villa spielerisch die 800-jährige Geschichte Neustadts. *Mi und Fr 16–18, Sa/So 11–13 und 15–18 Uhr | Maximilianstr. 25 | www.stadtmuseum-neustadt.de | Eintritt frei*

ESSEN & TRINKEN

INSIDER TIPP DIE SPINNE

Küchenmeister Jörg Friedrich präsentiert Gourmets im stylish eingerichteten Gewölbekeller eine feine, nicht alltägliche Küche mit ausgesuchten Zutaten von höchster Qualität. Er schafft außergewöhnliche Kreationen, die noch lange den Gaumen erfreuen. *Peter-Koch-Str. 43 | Tel. 06321 9597799 | www.restaurant-spinne.de | Mo/Do/Fr mittags geschl., Di/Mi Ruhetage* | €€–€€€

URGESTEIN

Benjamin Peifer, der gelernter Bäcker ist, hebt Pfälzer Produkte auf Feinschmecker-Ebene und mischt mit seinen innovativen Gerichten wie Schwein mit Zimt, Kürbis, Mandarine und Chili die Pfälzer Gourmetszene auf. Der Küchenchef im Urgestein im Steinhäuser Hof ist jüngster Träger eines der begehrten Michelinsterne. *Rathausstr. 6a | Tel. 06321 489060 | www.restaurant-urgestein.de | So/Mo Ruhetage* | €€€

FREIZEIT & SPORT

INSIDER TIPP KLETTERGARTEN AN DER HEIDENBURG

Im ehemaligen Gimmeldinger Gemeindesteinbruch sind Kletterfähigkeiten jeglichen Könnens gefragt. Etwa 80 Touren mit unterschiedlichen Schwierigkeitsgraden können Kletterfans in den Felswänden bewältigen. Damit der Natur nicht geschadet wird, ist sanftes Klettern erwünscht. *Info-Tel. 0632 926892*

AM ABEND

BRAUCHBAR

Cocktailbar, Lounge, Biergarten, Szenetreff – alles in einem, in locker-angenehmer Atmosphäre. Bei gedämpftem Licht und rhythmischen Klängen lässt es sich gut chillen. *Rathausstr. 18 | www.brauchbar.com | kein Ruhetag*

ÜBERNACHTEN

PANORAMA HOTEL AM ROSENGARTEN

Modern, komfortabel, aussichtsreich – so präsentiert sich das Hotel, das etwa 15 Gehminuten vom Zentrum entfernt liegt. Gut besucht ist die Bar, die bei spritzigen Cocktails abends einen schönen Blick über die beleuchtete Stadt bietet. *109 Zi. | Mußbacher Landstr. 2 | Tel. 06321 39920 | www.panorama-hotel.eu* | €€–€€€

HOTEL TENNER

Im Ortsteil Haardt, auch „Balkon der Pfalz" genannt, liegt dieses familiäre Hotel. Sie übernachten in hellen und freundlich eingerichteten Zimmern. Von der Frühstücksterrasse aus ist der Blick auf die Weinberge herrlich. *32 Zi. | Mandelring 216 | Tel. 06321 9660 | www.hotel-tenner.de* | €€–€€€

AUSKUNFT

TOURISTINFORMATION

Hetzelplatz 1 | Tel. 06321 92 68 92 | www.neustadt.eu

ZIELE IN DER UMGEBUNG

SPEYER ★ (127 D–E6) (🗺 L9)

Die Kaiserstadt (49 700 Ew.) mit alten Kaufmannhäusern und Fachwerk liegt etwa 25 km östlich von Neustadt und ist mittlerweile etwas überlaufen von Touristen. Dennoch: Lassen Sie sich nicht die Faszination entgehen, eines der bedeutendsten romanischen Bauwerke von innen zu sehen, den mächtigen *Dom,* im diffusen Licht unter der hohen Kuppel zu wandeln und einen Moment innezuhalten angesichts der Meisterleistung, die die Bauherren ab 1030 vollbrachten. Wer die *Aussichtsplattform (April–Okt. Mo–Sa 9–19, So 12–17 Uhr | Eintritt 6 Euro)* an der Westseite des Doms über 304 Stufen in 60 Meter Höhe erklimmt, wird mit einem Blick bis ins Badische belohnt und genießt eine wunderbare Aussicht auf die Stadt. Höhepunkte architektonischen Schaffens in der Stadt sind neben dem Dom auch die *Gedächtnis-* und die *Dreifaltigkeitskirche* sowie das *Judenbad.* Im ● *Historischen Museum der Pfalz (Di–So 10–18 Uhr | Eintritt ab 4 Euro)* in der Nähe des Doms sind interessante Ausstellungen mit den unterschiedlichsten Themen zu sehen – zu den Ägyptern, zu den Wikingern und mal steht Playmobil im Fokus. Eine der sehenswertesten Fußgängerzonen der Pfalz erstreckt sich zwischen Altpörtel und Dom. Zentral übernachten Sie im modern und schick eingerichteten Hotel *Domhof (49 Zi. | Im Bauhof 3 | Tel. 06232 132 90 | www.hoteldomhof.de | €€€).* Auskunft: *Tourist-Information (Maximilianstr. 1 | Tel. 06232 14 23 92 | www.speyer.de)*

WEINDÖRFER (126 B–C 5–6) (🗺 J8–9)

Sie sind die Weinseele der Stadt – die neun Weindörfer Diedesfeld, Duttweiler, Geinsheim, Gimmeldingen, Haardt, Hambach, Königsbach, Lachen-Speyerdorf und Mussbach, die sich alle in einem Umkreis von etwa 3 km rund um Neustadt befinden. Jedes dieser Örtchen hat seinen eigenen Charme sowie seine Besonderheit – und jedes ist einen Besuch wert. Die dort ansässigen Winzer wie auch die lokale Gastronomie überzeugen mit Qualität. Vertrauen Sie bei Ihrer Auswahl einfach Ihrem Instinkt, wenn Sie vor irgendeinem der unzähligen Lokale stehen – Sie können eigentlich gar nichts falsch machen.

Der Dom zu Speyer: mächtiges Wahrzeichen der Stadt

ERLEBNISTOUREN

1 DIE PFALZ PERFEKT IM ÜBERBLICK

START: ① Hambacher Schloss
ZIEL: ⑲ Speyer

7 Tage
reine Fahrzeit 8,5 Stunden

Strecke:
➡ **385 km**

KOSTEN: Eintritte 16 Euro/Pers., Essen & Trinken 350 Euro/Pers., Übernachtung 270 Euro/Pers., Benzinkosten 30–35 Euro
MITNEHMEN: Badesachen, Wanderschuhe, Picknick

ACHTUNG: Die Tour eignet sich am besten im Sommer. Parken am ① **Hambacher Schloss** ist kostenpflichtig.

Historisches, Entspannendes, Genuss und Action – die Pfalz ist vielfältiger, als es auf den ersten Blick scheinen mag. Auf dieser Tour bekommen Sie ein Stück von allem – und dennoch nur einen Teil dessen, was die Region zu bieten hat.

Jeder Zipfel dieser Erde hat seine eigene Schönheit. Wenn Sie Lust haben, die einzigartigen Besonderheiten dieser Region zu entdecken, wenn Sie tolle Tipps für lohnende Stopps, atemberaubende Orte, ausgewählte Restaurants oder typische Aktivitäten bekommen wollen, dann sind diese maßgeschneiderten Erlebnistouren genau das Richtige für Sie. Machen Sie sich auf den Weg und folgen Sie den Spuren der MARCO POLO Autoren – ganz bequem und mit der digitalen Routenführung, die Sie sich über den QR-Code auf S. 2/3 oder die URL in der Fußzeile zu jeder Tour downloaden können.

Sie starten am ❶ **Hambacher Schloss → S. 87**. Es thront mächtig über **Neustadt → S. 86** und wartet mit einer Ausstellung zur Geschichte auf. **Über einen Waldweg am Fuß des Schlosses geht es zum** ❷ **Zeter Berghaus** *(Tel. 06321 888438 | April–Okt. Mo/Di Ruhetage, Nov.–März Mo/Di/Do/Fr Ruhetage | €–€€)*, wo Sie Pfälzer Kost bei schöner Aussicht genießen. **Auf der Weinstraße fahren Sie nach Maikammer → S. 74**, wo Sie in der ❸ **Alsterweiler Kapelle → S. 75** den beeindruckenden Maikammerer Altar bewundern. Danach geht es **über die Kalmithöhenstra-**

TAG 1

❶ Hambacher Schloss

2 km

❷ Zeter Berghaus

9 km

❸ Alsterweiler Kapelle

6,5 km

Bild: Speyer, Maximilianstraße mit Dom

❹ Kalmit

14 km

❺ Weingut Anselmann

2,5 km

❻ Pfälzer Hof

TAG 2

2,5 km

❼ Rhodt unter Rietburg

16,5 km

ße zur **❹ Kalmit → S. 74**, dem höchsten Berg im Pfälzerwald. Hier genießen Sie vom 673 m hohen Gipfel aus die Aussicht und vertreten sich die Beine bei einer kurzen Wanderung. Kinder finden Klettermöglichkeiten an bizarr geformten Felsen. Weiter geht es nach **Edesheim → S. 74**, wo Sie im vielfach prämierten **❺ Weingut Anselmann** *(Mo–Sa 8–20.30, So 9–20.30 Uhr | Staatsstr. 58–60 | Tel. 06323 94120 | www.weingut-anselmann.de)* entspannen. **Ein kleines Stück zurück liegt in Edenkoben → S. 71** der **❻ Pfälzer Hof → S. 74**, in dem Sie übernachten.

Die Weinstraße führt Sie nach ❼ Rhodt unter Rietburg → S. 75. Die **Rietburgbahn → S. 72** bringt Sie in Zweier-Gondeln hinauf zur Burg, wo Sie eine phantastische Aussicht genießen und den **Wildpark** hinter der Burg besuchen. Zurück im Ort machen Sie in der **Theresienstraße**, der „schönsten Straße der Pfalz", Mittagspause. Nächstes

Ziel ist 8 **Landau → S. 81**. Im **La Ola Freizeitbad → S. 83** genießen Sie die Saunalandschaft und sinken danach im **Hotel Soho → S. 84** entspannt in die Kissen.

Über die L 509/508 ist Ihr Ziel die gut erhaltene 9 **Burg Landeck** *(10–22 Uhr (wetterabhängig) | Eintritt frei)* aus der Zeit der Staufer hoch über **Klingenmünster → S. 85** mit Museum und Turmbesteigung. Lohnenswert ist der Aufstieg von der Pfalzklinik aus (30 Min.). **Über die B 48/427 geht es danach in den Pfälzerwald** zu weiteren Burgenanlagen wie der bewohnten 10 **Burg Berwartstein → S. 50** bei **Erlenbach**. **Über die L 427/B 10/A 8** fahren Sie nach 11 **Zweibrücken → S. 61**. Hier finden Sie im **Factory Outlet Center → S. 61** hochwertige Marken zu günstigen Preisen und übernachten im Hotel **Rosengarten am Park** *(48 Zi. | Rosengartenstr. 60 | Tel. 06332 9770 | www.rosengarten-am-park.de | €€–€€€)*.

Über die A 8/A 62 gelangen Sie in Thallichtenberg zur 12 **Burg Lichtenberg → S. 41**. Die Aussicht u. a. auf den Donnersberg ist berückend. **Über die A 62/A 6 geht es nach** 13 **Kaiserslautern → S. 52** mit hübscher Altstadt, einladenden Cafés und Restaurants. **Die A 63/B 48 führen nach** 14 **Rockenhausen → S. 43**, das mit dem **Pfälzischen Turmuhrenmuseum/Museum für Zeit → S. 44** die Schlussetappe des Tages ist.

Im 15 **Zellertal → S. 39**, das Sie **über die L 386/ B 47** erreichen, treffen Sie auf malerische Weinberge. **In Zellertal-Harxheim biegen Sie links auf die K 65 und bei Zell rechts auf die K 64**. Hier stoßen Sie auf das 1928 zu Ehren der Gefallenen des Ersten Weltkriegs errichtete 16 **Kriegerdenkmal**. Genießen Sie die Ruhe auf den Bänken im Schatten des 15 m hohen Säulenbaus bei einem Picknick mit Blick auf das weit reichende Rebenmeer. **Über die K1/B 47/ B 271** fahren Sie nach 17 **Freinsheim → S. 76** mit seiner verwinkelten Altstadt und essen in der **Weinstube Weinreich** *(Hauptstr. 25 | Tel. 06353 9598640 | Mo/Di Ruhetage | €€–€€€)*. **Über die L 455/ B 271 geht's nach** 18 **Bad Dürkheim → S. 62**. Hier lässt sich gut ein Nachmittag verbringen. Versuchen Sie Ihr Glück im **Kasino → S. 66**.

Auf der letzten Etappe fahren Sie über die B 271/L 530/ 529/B 39 nach 19 **Speyer → S. 89**. Die Stadt ist kaum an einem Tag zu erkunden, nehmen Sie sich nicht nur Zeit für das Wahrzeichen, den **Kaiserdom**.

8 Landau

TAG 3

18 km

9 Burg Landeck

19,5 km

10 Burg Berwartstein

53,5 km

11 Zweibrücken

TAG 4

70 km

12 Burg Lichtenberg

44,5 km

13 Kaiserslautern

30 km

14 Rockenhausen

TAG 5

28,5 km

15 Zellertal

3 km

16 Kriegerdenkmal

23 km

17 Freinsheim

7 km

18 Bad Dürkheim

TAG 6–7

35 km

19 Speyer

2 NATUR PUR IM SCHATTEN DES MAIMONTS

START: ❶ **Walthari-Klause**
ZIEL: ❶ **Walthari-Klause**

Strecke: mittel
21,5 km **Höhenmeter: 330 m**

1 Tag
reine Gehzeit
5,5 Stunden

KOSTEN: Essen & Trinken 18 Euro/Pers., Eintritte 2 Euro/Pers.
MITNEHMEN: Rucksack, Picknick, Badesachen, Getränke, Wanderschuhe, Regenjacke

ACHTUNG: Parken Sie auf dem Parkplatz der ❶ **Walthari-Klause**.

537 Meter hoch ist der Maimont, jener Grenzberg, der die Südwestpfalz auf deutschem Boden vom französischen Elsass trennt. Dichte Wälder, eine sumpfähnliche Landschaft, malerische Seen, Burgen und Hinterlassenschaften aus den Zeiten des kalten Krieges machen diese Wanderung vielfältig.

❶ Walthari-Klause
3 km
❷ Pfälzerwoog
2 km

10:00 Die Tour beginnt im Ort **Petersbächel** an der ❶ **Walthari-Klause** *(Vogesenstr. 81 | Tel. 06393 13 07 | kein Ruhetag, in der Woche ab 16 Uhr, Sa ab 12, So ab 10 Uhr | €–€€)*. **Es geht ein Stück durch die Gebürger Straße, dann links in die Vogesenstraße, die nach etwa 200 m in einen Radweg mündet. Halten Sie sich rechts, bis der Weg eine spitze Linkskurve nimmt. Dort, wo ein schmaler Pfad nach 50 m rechts auf die K 43 führt, gelangen Sie auf der anderen Seite in den Wald und folgen der Beschilderung (3/Felsenland Sagenweg).** Es gibt nur wenig Wegweiser. Farne und dichter Baumbewuchs sind Ihre Begleiter auf der Etappe zum ❷ INSIDER TIPP **Pfälzerwoog**. In dem ruhig gelegenen See können Sie entspannt die Füße baumeln lassen. **Orientieren Sie sich am breitesten Weg, nehmen Sie die vierte Abzweigung nach links und halten Sie sich sich dann rechts.** Sie stoßen auf Holzbänke und Tische am See, die zum zweiten Frühstück einladen. Genießen Sie den Blick auf Seerosenteppiche, auf denen Frösche quaken. Auf der anderen Seite scheint der See in einer Schilflandschaft zu versinken. **Rechts am See vorbei wandern Sie am anderen Ufer links tief in den Wald hinein. Der Waldweg führt auf eine Anhöhe. Biegen Sie rechts ab, bis sie auf die K 43 treffen. Rechts geht es zum ❸ Saarbacherhammer**, einem Mühlweiher, der wie ein Bergsee anmutet. Packen Sie die Badesachen aus und springen Sie hinein! **Zurück geht's bis zur K 43 und geradeaus weiter.** Im **❹ Freizeitpark Birkenfeld** *(Ostern–Okt. ab 10 Uhr)* können Sie Minigolf spielen, Kinder toben auf dem Abenteuerspielplatz oder laufen über einen Barfußpfad. **Hinter dem Minigolfplatz geht die Wegstrecke nach Ludwigswinkel weiter, wo Sie nach kurzer Zeit über die Landgrafenstraße den ❺ Rösselsbach** erreichen. Schauen Sie von einer der Bänke am Ufer den vereinzelten Anglern zu.

Seerosen-Idylle begegnet Ihnen beim Wandern

14:00 Bis zum nächsten Ziel ist es ein Stück. **Den Teich lassen Sie rechts liegen. Folgen Sie dem Weg bis zur Gabelung und halten Sie sich links, bis Sie an eine Wegspinne treffen, von der fünf Routen abzweigen. Sie laufen den rechten Weg weiter**, bald schon schnuppern Sie französische Luft. **Gehen Sie weiter geradeaus, dann laufen Sie an der Beschilderung nach rechts, der Weg wird immer schmaler und steiler,** bis Sie oben bei der Burgruine **❻ Lützelhardt** ankommen. Wie die meisten Burgen des Wasgaus wurde die Burg im 12. Jh. erbaut. Über zwei steile Treppen gelangen Sie hinauf bis zum Turm, von dem aus Sie auf etwa 460 Metern Höhe die Aussicht genießen. **Den Heimweg treten Sie über die Wegspinne an, an der Sie rechts auf einen breiten asphaltierten Weg abbiegen. An der Gabelung nach ca. 2 km biegen Sie links ab** und treffen nach einigen hundert Metern auf ein Relikt aus den Zeiten des Kalten Krieges. **❼ Area One** ist eine einsame US-Munitionsbunkeranlage.

18:00 **Zurück an der Gabelung, geht es nach links über breite asphaltierte Wege bergab. Folgen Sie der Route, die in einer Rechts-Links-Kurve mündet, bis in den Gewerbepark Fischbach, wo Sie, der Radweg-Markierung folgend, wieder nach Petersbächel kommen.** Hier stärken Sie sich zum Finale in der **❶ Walthari-Klause**.

❸ Saarbacherhammer

1,5 km

❹ Freizeitpark Birkenfeld

1 km

❺ Rösselsbach

5 km

❻ Lützelhardt

4,5 km

❼ Area One

4,5 km

❶ Walthari-Klause

3 AUF DEM KRAUT- UND RÜBEN-RADWEG DURCH DIE PFALZ

START: ① Haus der Deutschen Weinstraße
ZIEL: ⑮ Storchenzentrum Bornheim

Strecke:
➡ 128,5 km

3 Tage
reine Fahrzeit
8 Stunden

KOSTEN: Planwagenfahrt: : 250 Euro/Kutsche/ca. 2,5 Std., Eintritte 5,50 Euro/Pers., Essen & Trinken 110 Euro/Pers., Übernachten 180 Euro/Pers.

MITNEHMEN: Schwimmsachen, Packtasche, Fernglas, Regenjacke

ACHTUNG: Planwagenfahrten in der ⑥ **Weinstube Haardtblick** vorbuchen; von Bornheim sind es ca. 5 km zum Hauptbahnhof Landau, von wo aus Sie in ca. 1,5 Std. nach Bockenheim gelangen.

Weinberge, Felder und Wälder sind die Kulisse für den Kraut- und Rübenradweg, der 139 Kilometer durch die Region verläuft. Wer ihn fährt und auch mal abbiegt, entdeckt malerisches Fachwerk, reizvolle Natur und kann Störche beobachten.

TAG 1
① Haus der Deutschen Weinstraße

Die Tour startet in **Bockenheim** am ① **Haus der Deutschen Weinstraße**, das an einem kleinen See mit Parkbänken und Kneipp-Anlage liegt, und führt **über Grünstadt und**

Historisch interessierte Radler legen einen Stopp in Freinsheim ein

Obersülzen auf dem ausgeschilderten Themenradweg auf hügeliger Strecke nach ❷ **Großkarlbach**. Der kleine Ort reizt mit pittoresken Fachwerkhäuschen entlang dem Eckbach, darunter die alte **Dorfmühle**, eine von 35 Mühlen, die es hier um 1600 gab. Bis hier haben Sie eine hügelige Strecke hinter sich. **Auf halbem Weg zwischen Bissersheim und Kirchheim, stets vom Eckbach begleitet, biegt der Themenradweg nach links, nach ca. 500 Metern verlassen Sie den beschilderten Weg und fahren rechts Richtung B 271 und dann auf der B 271 nach** ❸ **Herxheim am Berg**, um im **Schlossgarten** unter mächtigen Bäumen die Aussicht über die Rheinebene zu genießen. Direkt nebenan thront die über 1000 Jahre alte **Sankt Jakobskirche**. **Bergab geht's auf der L 522.** In ❹ **Freinsheim** → S. 76 erkunden Sie den Ort mit seiner imposanten Stadtmauer und anschließender Weinprobe im **Weingut Kassner-Simon** → S. 79. **Folgen Sie der Beschilderung des Themenradwegs nach Weisenheim am Sand. Am Ortsausgang geht's auf der Route bis zur Isenach. Zuvor biegen Sie rechts in den Riedweg ab, der Sie durch den Wald ins Naherholungsgebiet** ❺ **Ludwigshain** bringt, ein ruhiges Ausflugsziel mit Weiher und einer INSIDER TIPP vielfältigen Tierwelt, die sich rund ums Wasser beobachten lässt. Lassen Sie die Füße im Wasser baumeln, bevor es **auf dem Themenradweg** nach **Friedelsheim** geht. In der ❻ **Weinstube Haardtblick** *(Bahnhofstr. 44 | Tel. 06322 60 07 77 | www.weinstube-haardtblick.de | Mi Ruhetag, Mo/Di/Do/Fr ab 16, Sa/So ab 12 Uhr)* haben Sie eine phantastische Aussicht auf die Weinberge, eine Planwagenfahrt führt Sie durch die Rebenlandschaft. Zurück in Gönnheim übernachten Sie stilvoll im Vinotel des ❼ **Hofguts Gönnheim** *(6 Zi. | Ludwigstr. 52 | Tel. 06322 85 33 | www.hofgut-goennheim.de | €€–€€€)*.

Der Weg führt heute zunächst über Friedelsheim Richtung Wachenheim, schlägt vor der B 271 links ein, die Sie nach ca. 2 km über eine Brücke queren. Über den Goldbach erreichen Sie ❽ **Forst an der Weinstraße** → S. 70 mit seinen hübschen Fachwerkhäusern. **Sie folgen nun wieder dem Themenradweg nach Deidesheim, wo Sie durch das Naturschutzgebiet Marlachwiesen (ausgeschildert) nach Meckenheim fahren**. Hier lohnt das ❾ **Brennereimuseum** *(Di–Sa 9–17 Uhr | Hauptstr. 36)* einen Besuch. Es zeigt die Geschichte der Schnapsbrennerei vom Mittelalter bis heute. **Auf dem Themenradweg fahren Sie an Haßloch vorbei, folgen der Route entlang der Westrandstraße und fahren**

12 km
❷ Großkarlbach
7 km
❸ Herxheim am Berg
2,5 km
❹ Freinsheim
4 km
❺ Ludwigshain
16 km
❻ Weinstube Haardtblick
2 km
❼ Hofguts Gönnheim
TAG 2
6,5 km
❽ Forst an der Weinstraße
7 km
❾ Brennereimuseum
10,5 km

⑩ Vogelpark Haßloch

13 km

⑪ Schwimmbad Duttweiler

15 km

⑫ Harthausen

TAG 3

23 km

⑬ Knittelsheim

2 km

⑭ Ottersheimer Bärenbräu

8 km

⑮ Storchenzentrum Bornheim

links über die Adam-Stegerwald-Straße und die Hans-Böckler-Straße weiter über Saugraben und Fohlenweide zum ⑩ Vogelpark Haßloch *(tgl. bis zur Dunkelheit geöffnet | Rennbahnstr. 161 | Tel. 06324 5513 | www.vogelpark-hassloch.de)*, der eine große Artenvielfalt zeigt. **Zur Themenroute gelangen Sie auf dem gleichen Weg zurück und fahren weiter bis Duttweiler**, wo das **⑪ Schwimmbad Duttweiler** *(Freibad Mitte/Ende Juni–1. Nov. Mo–Fr 13–19 Uhr, Sa/So ab 10 Uhr | Altdorfer Str. 5)* Gelegenheit für eine Abkühlung bietet. **Sie folgen dem markierten Radweg ein Stück, dann fahren Sie beim Vogelschutzgebiet Modenbachniederung weiter geradeaus nach ⑫ Harthausen**, wo einer der ältesten erhaltenen **Tabakschuppen** in der Pfalz steht. In der **Landhaus-Pension Am Pfaffensee** *(6 Zi. | Am Pfaffensee 16c | Tel. 06344 1352 | www.landhaus-pension.de | €–€€)* übernachten Sie.

Die letzte, kurze Etappe entspannt Sie. Durch die Modenbachniederung kommen Sie auf dem Themenradweg über Schwegenheim, Weingarten und Lustadt nach ⑬ Knittelsheim. Halten Sie die Augen offen, der Ort beherbergt mit seinem Storchenprojekt 16 Nester. **Auf dem ausgeschilderten Radweg** erreichen Sie **Ottersheim**, das für sein naturtrübes Helles und Dunkles Bärenbräu aus der Hausbrauerei **⑭ Ottersheimer Bärenbräu** *(Waldstr. 35a | Tel. 06348 7595 | www.ottersheimer-baerenbraeu.de | März–Okt. kein Ruhetag | €)* bekannt ist. Nutzen Sie die Gelegenheit für eine zünftige Brotzeit mit frisch gezapftem Bier. Mehr über Störche und ihre Lebensweise erfahren Sie, wenn Sie **Ottersheim nördlich verlassen und auf dem Themenradweg weiterfahren. An der Kreuzung Birkenallee fahren Sie weiter geradeaus, am Ende der Jakobstraße biegen sie rechts in die L 542, am Industriegebiet vorbei, links auf die K 42 und rechts nach Bornheim** zum **⑮ Storchenzentrum Bornheim** *(Mo, Mi 13–16, So 14–17 Uhr | Kirchstr. 1 | Tel. 06348 610757 | www.pfalzstorch.de)*. Und natürlich gibt es Adebar auch in zahlreichen Nestern im Ort live zu erleben.

4 STIPPVISITE IM MEKKA DER BIKER

START: ❶ **Wurstmarkt Bad Dürkheim**
ZIEL: ❾ **Badehaisel in Wachenheim**

Strecke:
➡ **109 km**

1 Tag
reine Fahrzeit
2,5 Stunden

KOSTEN: Essen & Trinken 50 Euro/Pers., Eintritte 24 Euro/Pers., Benzinkosten 10 Euro
MITNEHMEN: Packtaschen, Badesachen

ACHTUNG: Um ❺ **Johanniskreuz** aufmerksam fahren, es sind viele Biker unterwegs. ❻ **Elmsteiner Tal**: Mai–Okt. wochenends für Biker gesperrt

Unterwegs durch die Pfalz auf beliebter Biker-Strecke und trotzdem interessante Entdeckungen machen. Dabei kommt der Fahrspaß auf kurvigen Straßen durch dichte Wälder auf der Tour von Bad Dürkheim über Johanniskreuz, dem Treffpunkt aller Biker, bis Wachenheim nicht zu kurz.

09:00 Start ist am ❶ **Wurstmarkt** vor dem **Dürkheimer Riesenfass** → S. 64. **Zunächst fahren Sie nördlich**

❶ **Wurstmarkt**

Bad Dürkheim: idyllischer Treffpunkt nicht nur für Biker

7 km

2 Bismarckturm

10 km

3 Kloster Höningen

22 km

4 Eiswoog

über die L 517 nach Leistadt, wo es am Kreisel scharf links auf die erste schmale Überlandstrecke (L 518) geht. Nach kurzer Zeit sehen Sie links den **2 Bismarckturm** auf dem 497 m hohen Peterskopf. Halten Sie am Straßenrand an, gehen Sie querfeldein durch den Wald und genießen die Aussicht von einer der drei Aussichtsplattformen des etwa 40 m hohen Turms. **Die Weiterfahrt führt auf der L 518 östlich über eine schmale, kurvige, auch bei Radlern beliebte Strecke durch dichten Wald. Im Altleiniger Ortsteil Höningen** sehen Sie das frühere **3 Kloster Höningen** von 1120. Ein Besichtigungsstopp lohnt. Das Kloster zählt zu den ältesten romanischen Bauwerken in der Pfalz. Ein Torbogen und der Westgiebel der Kirche sind Zeitzeugen. **Über Carlsberg, Wattenheim, Hettenleidelheim, Ramsen (L 520/K 35/K 74/L 395) geht es zum 4 Eiswoog** **→ S. 39**, dem Stausee des Eisbachs. Er wird von sieben sprudelnden

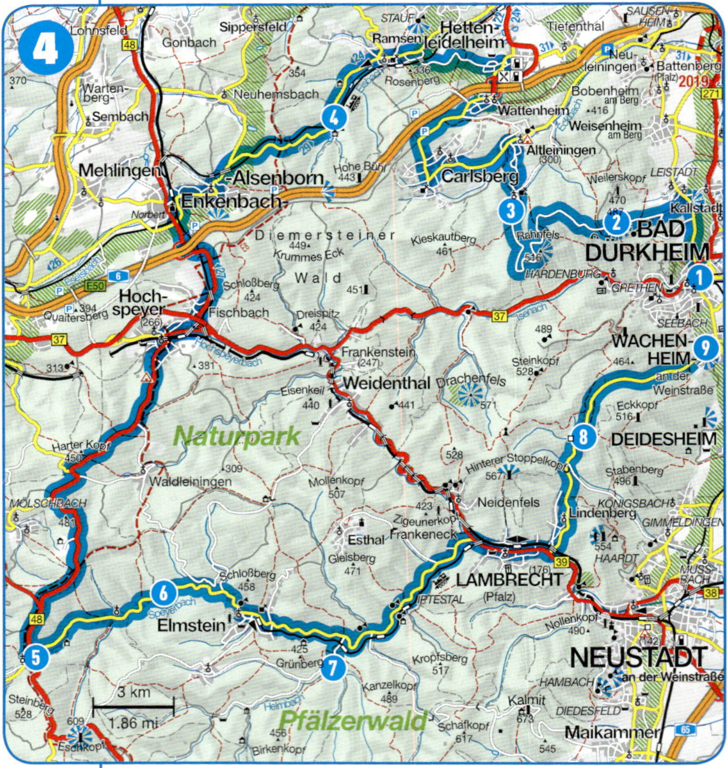

Quellen gespeist, hier soll der Eisvogel noch nisten. Drinnen tummeln sich Forellen und Saiblinge. Gehen Sie eine Runde rudern! Der **Kiosk** *(Öffnungszeiten sind wetterabhängig)* direkt vor Ort vermietet Ruderboote. Danach wird gegessen: Geschmackvolle Speisen kommen im **Seehaus Forelle → S. 39** auf den Tisch, wo Sie den herrlichen Blick auf den See genießen.

13:00 Dann heißt es wieder: ab in den Sattel! **Die Strecke führt zunächst auf der L 395 Richtung Osten und ab Enkenbach-Alsenborn über Hochspeyer auf der B 48 nach Süden** – jetzt ist wieder Ihr fahrerisches Können gefordert, bis Sie 5 **Johanniskreuz → S. 56** erreichen, den Ort, der sommers einer gigantischen Motorradausstellung gleicht. Bis zu 1000 Biker versammeln sich hier täglich, besonders beliebt: das **Hotel Johanniskreuz** *(Johanniskreuz 4 | Tel. 06306 1307 | www.hotel-johanniskreuz.de | €–€€)*, das Bikern einen großen Parkplatz und reichlich Wasser zum Reinigen der Helme bietet. **Sie fahren weiter westwärts auf der L 499 ins** 6 **Elmsteiner Tal**, wegen zahlreicher Kurven eines der beliebtesten Ziele für Motorrad-Touristen. Es ist die kürzeste Verbindung in Richtung Lambrecht und führt am malerischen Speyerbach entlang. **Kurz nach Helmbach führt die K 18 rechts von der Hauptroute direkt** zum 7 INSIDER TIPP **Helmbachweiher**. Auf einem Steg können Sie die Füße ins kühle Wasser baumeln lassen, schwimmen ist auf eigene Gefahr erlaubt. Am Kiosk gibt es Erfrischungen.

15:00 **Zurück auf der L 499 geht es hinter Frankeneck auf die B 39 nach Lambrecht, weiter nordwestlich auf der K 16 nach Lindenberg und über die Rotsteiger Höhe (340 m) zum** 8 **Kurpfalz-Park** *(Rotsteig | Tel. 06325 959010 | www.kurpfalzpark.de | Ende März–1. Nov. tgl. 9–17 Uhr)*, einem kleinen Familien-Vergnügungspark mit Wildpark und Greifvogelschau. Man kann hier Stunden bzw. ganze Tage verbringen. Kosten Sie den Park an einem anderen Tag so richtig aus, heute bleibt es eine Stippvisite. In **Wachenheim an der Weinstraße → S. 68** entspannen Sie danach an einem kleinen Weiher, **der an der Zufahrtsstraße zum Ort auf der rechten Seite am Ortseingang an einem großen Parkplatz gelegen ist**. Sie sitzen im 9 **Badehaisel** *(Waldstr. 103 | Tel. 06322 666830 | wp.badehaisel.net | Di Ruhetag | €–€€)* mit Blick aufs Wasser in der noch warmen Abendsonne und lassen den Tag Revue passieren.

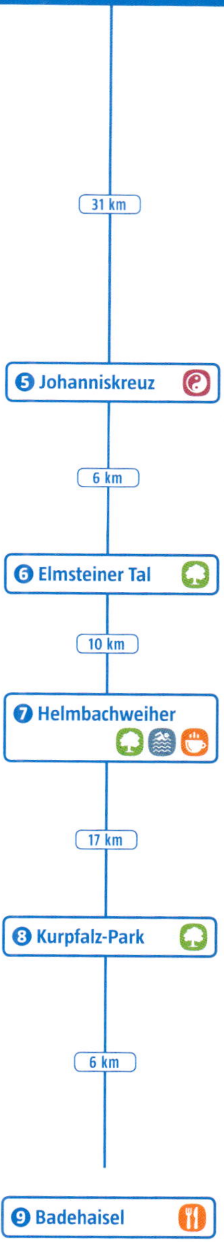

SPORT & WELLNESS

Beeindruckend vielfältig ist das Angebot in der Pfalz für sportliche und aktive Menschen.

Ob Sie beim Golf in aller Seelenruhe einlochen, gemütlich mit dem Kanu oder rasant mit dem Jetski übers Wasser fahren wollen, Kondition und Kraft beim Walking und Klettern auf die Probe stellen oder die Pfalz aus luftigen Höhen entdecken möchten – alles ist machbar. An die passende Kleidung sollten Sie jedoch denken. Mehr Informationen zu allen Angeboten finden Sie unter *www.pfalz.de*.

ANGELN

Unzählige Seen sind Jagdgebiet für Angler, vor allem im Pfälzerwald und im Nordpfälzer Bergland. Infos: *Sportpfalz.de (Am Alten Friedhof 1 | Kaiserslautern | Tel. 0631 3 03 87 41 | www.sportpfalz.de/nav/start_na.htm)*.

FLUG- UND LUFTSPORT

Genießen Sie bei einer Heißluftballonfahrt die Stille unter den Wolken und lassen Sie Ihr Auge über Weinberge, Wälder, Dörfer und Seen schweifen. Wenn Sie es lauter und holpriger mögen, können Sie mit Hubschrauber, Sport- oder Segelflugzeug in die Luft gehen. Oder wagen Sie einen Tandemsprung mit dem Fallschirm; Preise ab 180 Euro.

Ballooning Speyer (Anton-Dengler-Str. 9 | Tel. 06232 77117 | www.ballooning-speyer.de); Flugschule Donnersberg (Kupferbergstr. 77 | Kirchheim-

Bild: Kanus auf dem Glan

Zu Land, zu Wasser und in der Luft: Hier können Sie – auf ganz unterschiedliche Arten – einfach mal abtauchen

bolanden | Tel. 0172 6 80 76 43 | www.flugschuledonnersberg.de); Segelflugsportverein Hassloch (Tel. 06324 8 08 88 | www.sfsv-hassloch.de); FSC Südpfalz (Mittleres Hürtel | Schweighofen | Tel. 0176 63 13 72 82 | www.fsc-suedpfalz.de); Rotorflug Kaiserslautern (Tel. 0631 4 14 79 56 | www.rotorflug.de)

FUSSBALL

Kicken kann man auf jedem Bolzplatz. In Dirmstein bei Frankenthal aber gibt es eine besondere Attraktion: den INSIDER TIPP *Soccerpark (Am Alten Sportplatz | Tel. 01523 3 90 95 51 | www.soccerpark-dirmstein.de)*. Hier stellen Sie beim *Fußballgolf* Ihre technischen Fähigkeiten unter Beweis und lochen auf den 18 Bahnen, die bis zu 250 m lang sind, über Hindernisse hinweg ein. Der Sport kostet ab 9 Euro pro Runde. Zwei 18-Loch-Anlagen stehen auch in der Südpfalz in Kandel im *Fuß-Golf-Adamshof (Rheinzaberner Str. 1 | Tel. 0178 1 41 77 88 | www.fuss-golf.de | ab 9 Euro)* bereit.

GOLF

Überall gibt es Golfplätze (Greenfee ab etwa 35 Euro), die harmonisch in die Landschaft integriert sind. *Golfgarten Deutsche Weinstraße (Kirchheimer Str. 40 | Dackenheim | Tel. 06353 98 92 12 | www.golfgarten.de)*; *Golfanlage Landgut Dreihof (Am Golfplatz 1 | Essingen | Tel. 06348 42 82 | www.golfclub-dreihof.de)*; *Erster Golfclub Westpfalz Schwarzbachtal (Hitscherhof | Rieschweiler-Mühlbach | Tel. 06336 64 42 | www.gcwestpfalz.de)*

KLETTERN

Im Kletterzentrum rund um Dahn klettern Sie an bizarren Felsgebilden steil aufragende Sandsteintürme hinauf. Wenn es Sie zwischen Baumwipfel zieht oder Sie sich abseilen möchten, sind die Hochseilgärten die Alternative. Die Kosten liegen bei etwa 10 bis 20 Euro. *Camp 4 Kletterzentrum Zweibrücken (Pariserstr. 24 | Tel. 06332 48 13 69 | www.campvier.de)*; *Waldseilpark Fröhnerhof (Mehlingen | Tel. 06303 80 60 45 | www.k1-waldseilpark.de)*; mehr als zehn Routen warten im Steinbruch bei Bad Dürkheim *(Tel. 06322 17 49)*.

NORDIC WALKING

Es gibt ca. 2000 km Wegstrecke unterschiedlicher Schwierigkeit. In 80 Nordic-Walking-Parks können Sie am Stock gehen. Die Startpunkte für die Rundstrecken (pro Park mindestens drei) sind ausgewiesen, die Restkilometer bis ins Ziel sind an verschiedenen Stellen angegeben, und die Wege sind bestens ausgeschildert. Infos: in den Tourismusbüros und bei der *Pfalz-Touristik (Martin-Luther-Str. 69 | Tel. 06321 91 23 28 | www.pfalz.de)* in Neustadt.

RADFAHREN

Tourenvorschläge und eine Übersicht über die *Rad-Erlebnistage,* bei denen kilometerlange Streckenabschnitte für den motorisierten Verkehr gesperrt sind, finden Sie unter *www.pfalz-radtouren.de*. Termintipps: *Autofreies Lautertal* bei Kaiserslautern Anfang August; *Autofreies Appelbachtal* bei Wöllstein im August; *Autofreies Eistal* bei Ramsen am Eiswoog Anfang Oktober. 300 Kilometer Strecke stehen Bikern im *Mountainbikepark Pfälzerwald (www.mountainbikepark-pfaelzerwald.de)* zur Verfügung, mit abwechslungsreichen Höhenprofilen und Schwierigkeitsgraden für jeden Anspruch. Radsportgröße Udo Böls startete hier seine Karriere.

REITEN

Die Region schafft ideale Bedingungen für einen Ausritt: 28 *Pfalz-zu-Pferd-Stationen (www.diepfalzzupferd.de)* gibt es in der Pfalz. Sie bieten tiergerechte Unterbringung der Pferde, Übernachtungsmöglichkeiten von der Heuherberge über den Zeltplatz und das Matratzenlager bis hin zur Ferienwohnung. Groß planen müssen Sie als Reiter nicht. Die Leiter der Stationen kennen sich in ihrem Einzugsgebiet aus und schlagen Ihnen gern schöne Strecken vor.

TREKKING & WANDERN

Abenteuer, Wildnis, Abgeschiedenheit – streifen Sie wie einst Lederstrumpf durch die Pfalz. Auf ausgewiesenen Plätzen können sie campieren. Infos: *www.trekking-pfalz.de*. Mehr als 12 000 km Streckennetz wird Wanderern in der Pfalz geboten, den größten Teil davon mit allen Schwierigkeitsstufen im Pfälzerwald. Die ● Prädikatsfernwege Pfälzer Höhen-

Klettermöglichkeiten gibt es nicht nur am Teufelstisch

weg, Pfälzer Weinsteig und Pfälzer Waldpfad sind jeweils mehr als 110 km lang, führen über mehrere Etappen und bieten spektakuläre Aussichten, eindrucksvolle Natur und sehenswerte Architektur. Beliebte Rasthöfe sind die etwa 120, meist bewirtschafteten Hütten. Infos: *Pfälzerwaldverein (Fröbelstr. 24 | Neustadt | Tel. 06321 22 00 | www.pwv.de)*, *www.wanderportal-pfalz.de*, *www.pfaelzer-wanderwege.de* und *Pfalz-Touristik (Martin-Luther-Str. 69 | Neustadt | Tel. 06321 912328)*.

WASSERSPORT

Auf den Altrheinarmen zwischen Karlsruhe und Ludwigshafen haben Segler ihr Revier. Auch Freunde des Surfsports finden hier beste Bedingungen, z. B. auf dem *Otterstadter Altrhein*. Weitere beliebte Surfspots: der *Silbersee* bei Bobenheim-Roxheim oder der *Ohmbachsee* in der Nähe von Schönenberg-Kübelberg. Infos zum Segelsport beim *Landes-Seglerverband Rheinland-Pfalz (An der Eselshaut 18 | Neustadt | Tel. 06321 67 05 55 | www.lsv-rp.de)*. Oder steigen Sie mit der INSIDER TIPP *Wasserskischule Becht (Buchenweg 11 a | Speyer | Tel. 06232 7 19 79 | www.wasserskischule.de)* auf Wasserski-er oder den Jetski.

WELLVINESS

Wein und Wellness bilden die ungewöhnliche Kombination Wellviness. Für dieses Angebot haben sich zwölf Hotels in der Pfalz zusammengeschlossen. Wohlfühlarrangements sind etwa Massagen mit Traubenkernöl oder Traubenkernbutter, Weintherapie mit Weinbädern, Tresterpackung oder Traubenkernpeeling. In den teilnehmenden Betrieben spielt auch der Wein selbst eine entscheidende Rolle – als harmonischer Begleiter zu besonderen Speisefolgen. *www.wellviness.de*

MIT KINDERN UNTERWEGS

Unzählige Weinberge, die Weiten des Pfälzerwalds und die Höhen und Tiefen im Nordpfälzer Bergland bieten idealen Betätigungsraum für junge Gäste.
Die Urlaubsregion mit ihren vielen Burgen hat Kindern aber noch weitaus mehr zu bieten als beeindruckende Natur, in der es sich nach Herzenslust toben lässt. Zum Beispiel Badespaß, Zoos, Erlebnisparks oder interessante Museen.

NORDPFÄLZER BERGLAND

BÖRRSTADTER GARTENBAHN
(121 D5) (*🕮 G6*)
Deutschlands größte Modelleisenbahn befördert Menschen. Sie fährt von *Mai bis Oktober jeden zweiten Sonntag im Monat zwischen 14 und 17 Uhr* hinter der Gemeindehalle. *www.gartenbahn-boerrstadt.de | Ticket 1 Euro*.

HENGSTBACHER HOF (126 A2) (*🕮 G7*)
Urlaub machen wie die Indianer können Sie mit Ihren Kindern von April bis Oktober im bisher einzigen Tipidorf in Rheinland-Pfalz. Gruppen bis zu 35 Personen leben im Appelbachtal im Einklang mit der Natur. Übernachtung ab 12 Euro, ab einem Alter von etwa 8 Jahren zu empfehlen. *Tel. 06326 992130 | www.hengstbacherhof.de*

INSIDER TIPP WALDSCHWIMMBAD
(126 A2) (*🕮 H6*)
Tauchen Sie mit Ihren Kindern einfach mal ab – im Erlebnisbecken mit Riesenrutsche, 10-m-Sprungturm, Massagedü-

Bild: Ausblick nahe Grafendahn

Jungen Urlaubern wird es in der Pfalz nie langweilig: neben Burgen, Wäldern und Bergen locken auch Erlebnisparks und Bäder

sen, Bodensprudler, Wasserpilz und Strömungskanal, integriert in eine herrliche Grünanlage. *Mai–Sept. Mo–Fr 7–20, Sa/So 8–20 Uhr | Friedrich-Ebert-Str. | Eisenberg | Erwachsene 5 Euro, Kinder und Jugendliche 2,50 Euro*

PFÄLZERWALD

ALPAKAS IM GRÄFENSTEINER LAND (123 E4) (*🕮 D–E7*)
Sie werden sich verwundert die Augen reiben: Was machen denn Alpakas in der Pfalz? Jene Kamelform, die eigentlich aus den südamerikanischen Anden stammt? Im Gräfensteiner Land bei Rodalben gibt es eine Zucht dieser als gesellig geltenden Tiere. Informationen erhalten Sie über: *www.alpakas-gräfensteiner-land.de*

BONANZA RANCH (123 E4) (*🕮 D–E7*)
Der Wilde Westen beginnt in der Pfalz, genauer: in Katzweiler. Reiterferien, Ponyführen, mal einen Tag lang Cowboy sein oder mit dem Planwagen in die Prä-

rie fahren– all das bietet die Ranch für Kinder. Empfehlenswert ab etwa 6–8 Jahren. *Alte Brücke 4 | Tel. 06301 8164 | www.bonanzaranch.de | Di Ruhetag*

FREIZEITBAD AZUR (123 D4–5) (*🕮 C7*)
In diesem modernen Bad gibt es eine 41 m lange Wasserrutsche, Wasserkanonen, einen Schiffchenkanal, Sauna und vieles mehr. *Mo 13–22, Di–Fr 10–22, Sa 10–20, So 9–20 Uhr | Schernauerstr. 50 | Ramstein-Miesenbach | www.freizeitbad-azur.de | Erwachsene 10 Euro, Kinder 7,50 Euro*

VOLKSSTERNWARTE (128 B1) (*🕮 B10*)
Sie wollen Ihren Kindern zeigen, was sich auf der Sonnenoberfläche tut? Dann werfen Sie einen Blick durchs Teleskop. *Fr ab 20 Uhr | Amerikastr. 1 | Campus der FH | Zweibrücken | www.mayerw.de/sternwarte | Eintritt frei*

WORLD OF FUN IN ZWEIBRÜCKEN
(128 A2) (*🕮 B10*)
Minigolf futuristisch – unter Schwarzlicht mit vielen Neonfarben lochen Sie hier ein. Das mutet schräg an, hat aber seinen Reiz, wenn sie Science-Fiction-Monster mögen, laute Rockmusik und außergewöhnliche Effekte. Bowlingbahn, Eislaufhalle und Indoorspielplatz runden das Angebot in der Spaßwelt ab. *Europaallee 1 | www.wof-zw.de*

WEINSTRASSE & RHEINEBENE

FUN FOREST ★ (131 D4–5) (*🕮 J12*)
Mehr als 200 Bäume, 24 Parcours, 17 000 m Stahlseil, 29 Sportkletterrouten auf Bäumen, eine Eiskletterwand aus Holz, ein Waldwahrnehmungspfad, eine 250 m lange Seilbahn – das sind die nackten Zahlen zu einem der schönsten Waldkletterparks Europas. *Tgl. 10–18 Uhr | Badallee | www.kandel.funforest.de | Erwachsene 19 Euro, Kinder 14 Euro, Kidsparcours (6/7 Jahre) 5 Euro*

HOLIDAYPARK HASSLOCH ★
(126 C5) (*🕮 J7*)
Der Erlebnispark mit der steilsten Achterbahn der Welt und einer Vielzahl anderer Fahrgeschäfte und Unterhaltungsangebote, vom Freefalltower bis zur Wildwasserbahn. Spektakuläres Showprogramm mit Wasserskidarbietungen. Unterhaltsam für Kids ab etwa 8 Jahren. *April–Okt. tgl. 10–18 Uhr | Holiday-Park-Str. 1–5 | Haßloch | www.holidaypark.de | Eintritt nach Körpergröße: ab 1,40 m 29,95 Euro, 1–1,40 m 27,50 Euro, unter 0,85 m frei*

INSIDER TIPP **RHEIN- UND HAFENRUNDFAHRTEN** ● (127 E3) (*🕮 L7*)
Zugegeben: Ludwigshafen ist nicht Hamburg, und eine Hafenrundfahrt auf dem Rhein, der die Chemiestadt von Mannheim trennt, wird vielleicht nicht das Flair des größten Hafens in Deutschland entfalten. Diesen besonderen Hauch von Romantik aber werden auch Sie spüren, wenn Sie zwischen gigantischen Ladekränen hindurchschippern und dabei auch entlegenste Ecken des Hafens, die Sie sonst nicht zu Gesicht bekommen, entdecken dürfen. Fahren Sie durch Schleusen, die Höhenunterschiede bis zu 11 m bewältigen, oder bis nach Rüdesheim, wo Sie nach spannender Fahrt die Drosselgasse besuchen können. *Kurpfalz Personenschifffahrt (Tel. 0621 17 89 52 82 | www.kurpfalz-personenschiffahrt.de | Kosten ab 10,50 Euro)*

SEALIFE ● (127 E6) (*🕮 L9*)
Seepferdchen, Haie und Rochen haben in 40 Becken einen neuen Lebensraum gefunden. Insgesamt können Sie hier etwa 9000 Meeres-, See- und Flussbewohner

beobachten. Nehmen Sie sich Zeit, vor allem im Unterwassertunnel – hier haben Sie das Gefühl, direkt zwischen den Fischen zu stehen. *Tgl. 10–17 Uhr | Im Hafenbecken 5 | Speyer | www.visitsealife.com/speyer | Eintritt 15,50 Euro*

TECHNIK MUSEUM SPEYER

(127 E6) (*L9*)

Die Weltraumfähre Buran, das russische Spaceshuttle, hat hier seine letzte Ruhestätte gefunden. Laufen Sie mit Ihren Kindern auf den Tragflächen eines Jumbo-Jets, von denen die Kleinen aus luftigen Höhen hinabrutschen können. Erleben Sie die Enge in einem Unterseeboot beklemmend nah, bestaunen Sie den Wandel im motorisierten Verkehr zu Wasser, auf dem Land und auf Schienen sowie in der Luft im Lauf der Zeit. Der Besuch des Technikmuseums ist ein beeindruckender Gang durch die Geschichte der technischen Entwicklung. *Mo–Fr 9–18, Sa/So 9–19 Uhr | Am Technik Museum 1 | www.technik-museum.de | Erwachsene 14 Euro, Kinder 12 Euro*

INSIDER TIPP WILDPARK LUDWIGSHAFEN-RHEINGÖNHEIM

(127 E4) (*L7*)

Der Wildpark ist eine Oase der Ruhe unweit von Ludwigshafen, schattig im Wald gelegen. Auf einer Gesamtfläche von 300 000 m² finden Sie keine exotischen Tiere, sondern die, die es im und um den Pfälzerwald sonst auch gibt; vor allem das heimische Wild, dem Sie sich bis hier auf ein paar Zentimeter nähern können. Familien können im Wildpark ihren Verpflegungsrucksack mitbringen und ein paar ruhige Stunden verbringen – zu einem günstigen Preis. *Tgl. 9–18 Uhr | Neuhöferstr. 48 | www.wildpark-rheingoenheim.de | Erwachsene 3,20 Euro, Kinder 2 Euro*

Garantiert ist im Holidaypark Haßloch auf jeden Fall der nasse Spaß

EVENTS, FESTE & MEHR

Geselligkeit, Gebabbel und ein Schoppen Wein – das erste Weinfest gibt es schon im Januar, die Hauptsaison der fast 500 großen und kleinen Events rund ums Essen und Trinken startet im Juni. Livemusik, gute Laune und geschmackvolle Tropfen finden Sie fast überall. Termine bei der *Pfalzweinwerbung (Martin-Luther-Str. 69 | Tel. 06321 912328 | www.pfalz.de)* in Neustadt.

VERANSTALTUNGEN

JANUAR

INSIDER TIPP **Rotweinwanderung in Freinsheim** *(3. Wochenende):* Durch die winterlichen Weinberge führt ein Rundweg an zahlreichen Stationen vorbei, die Rotweine aus der Umgebung offerieren.

MÄRZ

Mandelblütenfest in Neustadt-Gimmeldingen *(mandelbluetenfest.de):* Mit Beginn der Mandelblüte zieht es Zehntausende an die Weinstraße, um den Frühling zu begrüßen.

APRIL

Wein am Dom *(3. Wochenende | www.pfalz.de/wein-am-dom):* Über 150 Winzer präsentieren in Speyer ihre Produkte.

MAI/JUNI

Weintage der Südlichen Weinstraße in Landau: Treffpunkt der Weinbaubetriebe der Südlichen Weinstraße, u. a. im Frank-Loebschen-Haus

JUNI

INSIDER TIPP ***Weinfest an der Römerkelter in Bad Dürkheim-Ungstein*** *(Ende des Monats):* In einem alten römischen Weingut können Sie die Weine der Winzer aus dem Ortsteil probieren.

JULI

INSIDER TIPP ***Wein- und Sektsymposium in Herxheim am Berg*** *(2. Wochenende):* Mit Aussicht über die Rheinebene vom Schlossgarten aus, zu einem der schönstes Feste der Pfalz gekürt

Stadtmauerfest in Freinsheim *(3. Wochenende):* einzigartiges Ambiente zwischen den Stadttoren und -türmen mit guten Weinen und gutem Essen

Kalmitweinfest in Ilbesheim *(Ende Juli):* Mitten in den Weinbergen können Sie den besten Weißburgunder der Pfalz wählen.

AUGUST

★ ***Erlebnistag Deutsche Weinstraße*** *(letzter Sonntag)* zwischen Bockenheim

Ob Wein, Mandelblüten oder Stadtmauer – gefeiert wird in der Pfalz fast immer alles; kein Wunder bei über 200 Festen im Jahr

und Schweigen-Rechtenbach: autofreier Erlebnistag auf 80 km Länge – 300 000 Teilnehmer kommen jedes Jahr; einzigartig!

SEPTEMBER

Wurstmarkt in Bad Dürkheim *(2. und 3. Wochenende / www.duerkheimer-wurstmarkt.de):* größtes Weinfest der Welt, das schon über 600 mal gefeiert wurde. Attraktionen auf dem riesigen Jahrmarkt: die Schubkarchstände und das Weindorf mit den örtlichen Winzern. Feuerwerke am Dienstag des ersten und am Montag des zweiten Fest-Wochenendes

OKTOBER

Federweißenfeste *Weisenheim am Sand (1. Wochenende), Edesheim (1. u. 2. Wochenende), Landau (3. Wochenende):* mit historischer Ernte

Deutsches Weinlesefest in Neustadt *(1. Wochenende):* parallel zur Wahl der Pfälzischen Weinkönigin

Wein- und Kastanienmarkt in Edenkoben *(2. Wochenende):* alles rund um die Keschde, neuer Wein; am schönen Schloss Villa Ludwigshöhe

FEIERTAGE

1. Januar	Neujahr
14. April 2017, 30. März 2018	Karfreitag
17. April 2017, 2. April 2018	Ostermontag
1. Mai	Tag der Arbeit
25. Mai 2017, 10. Mai 2018	Christi Himmelfahrt
5. Juni 2017, 21. Mai 2018	Pfingstmontag
15. Juni 2017, 31. Mai 2018	Fronleichnam
3. Okt.	Tag der deutschen Einheit
1. Nov.	Allerheiligen
25./26. Dez.	Weihnachten

LINKS, BLOGS, APPS & CO.

LINKS & BLOGS

www.wanderportal-pfalz.de Alles übers Wandern und Radfahren erfahren Sie hier! Das Naturerlebnis im Unesco-Biosphärenreservat kann man hier planen, unterschiedliche Pfade werden ebenso vorgestellt wie Ferienwohnungen und Waldgaststätten

www.marcopolo.de/pfalz Alles auf einen Blick zu Ihrem Reiseziel: Interaktive Karten inklusive Planungsfunktion, Impressionen aus der Community, aktuelle News und Angebote ...

www.suedlicheweinstrasse.de Neben dem namensgebenden Anbaugebiet informiert die Seite kompetent und ansprechend über den dazugehörigen Rebsaft sowie über Veranstaltungen, Sehenswürdigkeiten, sportliche Aktivitäten, Wellness und Kulinarisches

www.facebook.com/Pfalz.in.alten.Bildern Pfälzer kramen in alten Fotos, stöbern Postkarten aus vergangenen Tagen hervor und stellen sie auf Facebook. Eine sehenswerte Zeitreise per Knopfdruck

www.bandsinderpfalz.de Sie wollen wissen, welche Bands aus der Region in der Pfalz up to date sind? Die Seite gibt Infos in Form von Porträts und Steckbriefen und natürlich einen Terminkalender mit den nächsten Live-Events

blog.wein-reich.info In diesem Blog geht es hauptsächlich um den ausführlichen kulinarischen Genuss. Zu ausgefallenen Rezepten wie Selleriesuppe mit Birnen und Lachs gibt es jeweils einen Tipp zum passenden Wein; daneben werden Rebstockpatenschaften verlost und weitere Gewinnspiele veranstaltet

pfalzstorch.blogspot.de Pfalzstorch heißt eine Aktion im südpfälzischen Bornheim, die sich zur Aufgabe gemacht hat, den Vogel zu schützen und in der Pfalz wieder heimisch werden zu lassen

www.pfalzmeister.de Der Meister der Pfalz kennt sich in seiner Heimat sehr gut aus und macht wunderschöne Fotos davon. Daneben werden Kuriositä-

Egal, ob für Ihre Reisevorbereitung oder vor Ort: Diese Adressen bereichern Ihren Urlaub. Da manche sehr lang sind, führt Sie der short.travel-Code direkt auf die beschriebenen Websites. Falls bei der Eingabe der Codes eine Fehlermeldung erscheint, könnte das an Ihren Einstellungen zum anonymen Surfen liegen

ten (wie ein FCK-Weihnachtskalender) und Kultur-Tipps gesammelt

www.radreporter.de/category/regionen/pfalz Sie wollen nicht ahnungslos auf eine Radtour gehen? Schauen Sie sich die Reportagen von Menschen an, die schon unterwegs waren – mit dem Tourenrad, dem Mountainbike oder dem E-Bike

short.travel/pfa6 In dieser Facebook-Community kann man sich über alle Pfälzer Weinfeste austauschen; es werden aktuelle Termine für anstehende Weinverkostungen, Märkte sowie für viele andere Veranstaltungen veröffentlicht und geteilt

VIDEOS & MUSIK

short.travel/pfa7 Die Bärenhöhle bei Rodalben ist die größte Höhle der Pfalz; der Clip zeigt wie man auf dem Felswanderweg dorthin gelangt

short.travel/pfa8 Vom Weinberg auf den Betzenberg – so sieht für die zwei jungen Burschen der normale „Pfälzer Day" aus, den YouTube in einem Video zeigt. Pfälzer Alltag mit einem Augenzwinkern betrachtet

www.pfalz-bewegt.de Sie wollen die Pfalz via Internet-TV kennenlernen? Diese Seite macht es möglich. Hier lässt sich alles, was die Region ausmacht, in bewegten Bildern erleben. Wein, Wald, Berge – ein sehenswerter und informativer Kurztripp durch die Pfalz auf einen Klick

APPS

SWR1 Rheinland-Pfalz Radio Nachrichten, Musik und Infos aller Art – nehmen Sie das Radio von SWR1 auf Ihrem Smartphone überall mit hin und Sie müssen nie mehr auf Ihren (Lieblings-?)Radiosender verzichten

Touren-App für Rheinland-Pfalz Die kostenlose Applikation ist sowohl für Wanderer als auch für Radfahrer ein nützliches Instrument, um Routen zu planen und auch unterwegs immer die digitale Wanderkarte zur Hand zu haben

Weinfeste-App Wo ist das nächste Weinfest? Welches Wochenende soll ich mir freihalten? Diese Fragen werden per Klick schnellstens beantwortet mit der kostenlosen Weinfeste-App

PRAKTISCHE HINWEISE

ANREISE

Eine der ältesten Autobahnen Deutschlands, die A 6, quert die Pfalz. Sie führt vom äußersten Westen in Richtung Nordosten und ist die Verbindungsstraße zwischen Saarbrücken und Mannheim. Die A 61 (Koblenz–Speyer), die A 62 (Nonnweiler–Pirmasens), die A 63 (Kaiserslautern–Mainz) und die A 65 (Ludwigshafen–Karlsruhe) sind die weiteren wichtigen Verbindungen in der Region.

Wichtigster Knotenpunkt für den Fernverkehr mit der Bahn ist der Hauptbahnhof in Mannheim. Alle wesentlichen ICE-Verbindungen machen hier Station. Die größeren Städte der Pfalz wie Bad Dürkheim, Frankenthal, Pirmasens oder Speyer sind mit Regionalbahnen erreichbar, Intercity-Haltepunkte sind unter anderem Ludwigshafen, Neustadt und Kaiserslautern.
Von Kaiserslautern im Westen über Neustadt an der Weinstraße, Schifferstadt, Ludwigshafen, Mannheim sowie Heidelberg bis nach Osterburken im Osten und in Nord-Süd-Richtung von Heidelberg über Bruchsal nach Karlsruhe reicht das weit reichende Streckennetz der neuen S-Bahn, mit der man in der Pfalz noch mobiler ist.

Die nächstgelegenen Flugplätze, um in die Pfalz zu kommen, sind Saarbrücken-Ensheim und Frankfurt/Rhein-Main. Vom Flughafen Frankfurt erreichen Sie mit dem ICE zunächst Mannheim und von dort die weiteren relevanten Stationen mit dem IC. Vom Norden aus Hamburg und Berlin fliegen Sie den Baden-Airpark bei Baden-Baden an. Er ist über die A 65 von Landau aus in etwa 45 Minuten zu erreichen.

Kostengünstige Reiseverbindungen, um aus größeren deutschen Städten und aus dem Ausland in die Pfalz zu gelangen, bieten Busgesellschaften an. Busstationen von *Meinfernbus (www.meinfernbus.de)* und *Flixbus (www.flixbus.de)* gibt es in Landau, Ludwigshafen, Kaiserslautern, Pirmasens und Zweibrücken.

GRÜN & FAIR REISEN

Auf Reisen können auch Sie viel bewirken. Behalten Sie nicht nur die CO_2-Bilanz für Hin- und Rückreise im Hinterkopf *(www.atmosfair.de; de.myclimate.org)* – etwa indem Sie Ihre Route umweltgerecht planen *(www.routerank.com)* – , sondern achten Sie auch Natur und Kultur im Reiseland *(www.gate-tourismus.de; www.ecotrans.de)*. Gerade als Tourist ist es wichtig, auf Aspekte wie Naturschutz *(www.nabu.de; www.wwf.de)*, regionale Produkte, wenig Autofahren, Wassersparen und vieles mehr zu achten. Wenn Sie mehr über ökologischen Tourismus erfahren wollen: europaweit *www.oete.de*; weltweit *www.germanwatch.org*

AUSKUNFT

Wichtigste Adresse für Informationen rund um die Pfalz ist die *Pfalz-Touristik (Martin-Luther-Str. 69 | Neustadt | Tel.*

Von Anreise bis Winzerferien

Urlaub von Anfang bis Ende: die wichtigsten Adressen und Informationen für Ihre Pfalzreise

06321 912328 | www.pfalz.de). Wesentliches erfahren Sie lokal auch über die Tourismusbüros in den Verbandsgemeinden und den touristisch interessanten Orten.

CAMPINGPLÄTZE

Komfortabel ausgestattete Campingplätze finden Sie entlang der 85 km langen Weinstraße ebenso wie im Pfälzerwald. Ein Verzeichnis aller vorhandenen Anlagen mit den Ausstattungsmerkmalen und weitere Informationen erhalten Sie über die Pfalz-Touristik in Neustadt.

INTERNET

Die wichtigste Adresse ist die der Pfalz-Touristik und der Pfalzwein. Unter *www.pfalz.de* erhalten Sie alle wesentlichen News, die für Touristen in der Weinregion relevant sind. Darüber hinaus informiert Sie die Seite ausführlich in den Rubriken Freizeit & Erleben, Reisen & Buchen sowie Spezialitäten; sogar einen Pfalz-Club gibt es. Als eine exponierte Seite ist *www.kunstportal-pfalz.de* zu empfehlen.

INTERNETCAFÉS & WLAN

Entlang der Weinstraße oder in der Westpfalz gibt es Internetcafés. In gediegener Atmosphäre surfen Sie etwa in Landau im *Webbers (Maximilianstr. 11 | Tel. 06341 381388)* oder im *netCafé update (Martin-Luther-Str. 26 | Tel. 06341 81212)*.

KLIMA & REISEZEIT

In der Pfalz herrscht ein mildes Klima, in dem vor allem im Süden auch mediterrane Pflanzen wie Zitronen gedeihen. Die Luft ist eher trocken und erwärmt sich schnell, das Jahresmittel liegt bei etwa 10 Grad Celsius. Die schönste Zeit in der Pfalz ist zweifellos während der Weinlese zwischen Mitte September und Ende Oktober. Doch schon zur Mandelblüte im März/April beginnt die Hauptreisezeit.

WAS KOSTET WIE VIEL?

Kino	ab 6,50 Euro *für eine Karte*
Souvenir	ab 3 Euro *für ein Dubbeglas*
Wein	4 Euro *für ein Glas Wein*
Imbiss	ab 1,80 Euro *für eine Bratwurst mit Brötchen*
Taxi	ab 1,40 Euro *für einen Kilometer*
Busfahrt	2,50 Euro *für eine Busfahrkarte*

Denn nicht nur Wein und Genuss begeistern Touristen, sondern auch die vielen Wander- und Sportmöglichkeiten.

MEDIEN

Vier Radiosender geben in der Pfalz den Ton an. SWR 3 (101,1 MHz), SWR 1 (89,9 MHz), RPR 1 (103,6 MHz) und Radio Regenbogen (102,8 MHz). *Das* Printmedium in der Region ist die Tageszeitung „Die Rheinpfalz", donnerstags mit Tipps zur Freizeitplanung. Dann liegt das Freizeitmagazin LEO bei, das wöchentlich über 500 Termine für die ganze Pfalz veröffentlicht: Kino, Theater, die besten Restaurants und Weinstuben, Kinderseite, Sportevents. Mit wichtigen Adressen zu Veranstaltern und Tourismusbüros.

MIETWAGEN

Eine Karosse können Sie in allen größeren Orten der Pfalz ausleihen: in Ludwigshafen, Kaiserslautern, Landau oder Pirmasens. Einen 24-Stunden-Service gibt es in Kaiserslautern. *www.europcar.de*

NOTRUF

Polizei (Tel. 110)
Rettungswagen, Notarzt (Tel. 112)
ADAC (Tel. 0180 2 22 22 22 (*))

ÖFFENTLICHE VERKEHRSMITTEL

Mit Bahnen und S-Bahnen kommen Sie in der Pfalz in jeden größeren Ort. Einige fahren sogar halbstündlich. Straßenbahnen verkehren nur in Ludwigshafen und nach Bad Dürkheim. Gut ausgebaut ist das Busnetz in der Region, sodass Sie auch die kleineren Orte ohne eigenes Verkehrsmittel bequem erreichen können – meist ohne allzu lange Wartezeiten an den Haltestellen. Dort, wo Busse nicht fahren, können Ruftaxis bestellt werden. An den Wochenenden werden oft Ausflugszüge oder Wanderbusse eingesetzt. Informationen zu Bussen und Bahnen, Fahrplänen und Strecken gibt es unter *www.vrn.de*.

ÖFFNUNGSZEITEN

Restaurants, Lokale und Weinstuben haben, sofern kein Ruhetag ist, mittags (manche mit speziellem Angebot) und abends geöffnet. Andere wiederum bieten durchgängig warme Küche oder zwischen 14 und 17 Uhr eine Vesperkarte. Die Zahl der Ruhetage variiert je nach

WETTER IN NEUSTADT

	Jan.	Feb.	März	April	Mai	Juni	Juli	Aug.	Sept.	Okt.	Nov.	Dez.
Tagestemperaturen in °C	4	5	11	15	20	23	25	24	21	15	8	5
Nachttemperaturen in °C	-2	-1	1	5	9	12	14	13	10	6	3	-1
☀	2	3	4	5	6	7	8	7	6	4	2	1
☂	10	9	8	9	9	10	10	9	9	8	9	8

 ☀ Sonnenschein Stunden/Tag ☂ Niederschlag Tage/Monat

Saison. Weingüter haben üblicherweise eine Mittagspause, größere Geschäfte haben bis abends durchgängig geöffnet, in kleineren Orten gibt es Mittagspausen. samstagsmittags schließen viele kleinere Läden.

PREISE

Preisschwankungen gibt es in der Pfalz in der Gastronomie, je nachdem, in welchem Teil der Region Sie essen gehen möchten. Dabei ist es naturgemäß in touristisch stark frequentierten Gegenden am teuersten. Zwischen Bockenheim und Schweigen-Rechtenbach, entlang der malerischen Route durchs Rebenmeer, zahlen Sie in den meisten Fällen einen sogenannten Weinstraßen-Zuschlag. Je näher das Restaurant oder die Weinstube an dieser Tourismustrasse ist, desto höher werden die Preise. Für ein Viertel Wein sollten Sie im Schnitt mit 3,50–4 Euro rechnen, es gibt aber auch edle Tropfen, für die Sie bis zu 7 Euro zahlen müssen. Die Bierpreise sind in der gesamten Pfalz nahezu stabil und identisch: 3–3,50 Euro pro Glas. Der Saumagen kostet um die 9 Euro, die üblichen Pfälzer Spezialitäten wie Bratwurst oder Leberwurst liegen etwa im gleichen Preissegment. Bei Eintrittspreisen für Museen oder andere Freizeiteinrichtungen lohnt stets ein Blick auf Ermäßigungen oder Gruppentarife.

SICHERHEIT

Bleiben Sie nicht bei jedem Weinfest bis zum Schluss. In den vergangenen Jahren kam es bei beliebten Weinfesten immer mal wieder zu Zwischenfällen mit gelangweilten Jugendgruppen oder Festbesuchern, die zu tief ins Glas geschaut haben: meist ab etwa Mitternacht, wenn das Geschehen dem Ende zugeht.

TRINKGELD

Die Zehn-Prozent-Regel wird in der Pfalz bei Gastronomen zwar gern gesehen, ist aber bei Weitem kein Muss. Die Pfälzer zeigen ihre Zufriedenheit über die Höhe des Trinkgelds, das bei schlechtem Service oder unzureichender Qualität gegen null tendieren kann.

UNTERKUNFT

Neben Hotels und Gasthöfen gibt es charmante Ferienwohnungen in der Pfalz. Diese Art der Übernachtung ist vor allem entlang der Weinstraße sehr attraktiv. Die örtlichen Touristeninformationen halten Verzeichnisse bereit und geben Auskunft, auch online gibt es Informationen unter *www.pfalz.de und www.urlaub-in-rheinland-pfalz.de*. Jugendherbergen sind nicht nur Anlaufpunkte für Kinder und Jugendliche. Sie bieten einen abwechslungsreichen Urlaub für die ganze Familie, und das zu günstigen Preisen (ab 20 Euro/Person inkl. Frühstück). Sport- und Freizeitprogramme für Groß und Klein gehören zu den Angeboten der Häuser. Jugendherbergen finden Sie in der Pfalz in den Orten Altleinigen, Bad Bergzabern, Dahn, Hochspeyer, Neustadt, Speyer, Thallichtenberg, Steinbach und Wolfstein. Info: *www.diejugendherbergen.de*

WINZERFERIEN

Ferien auf dem Weingut werden in vielen Dörfern angeboten; schön ist dabei die Nähe zur Natur und den Weinbergen. Informationen dazu erhalten Sie bei den regional zuständigen Touristeninformationen, bei der *Pfalz-Touristik* siehe Auskunft (s. S. 114) in Neustadt oder im Internet zum Beispiel unter *www.weingueter-und-winzer.de*.

REISEATLAS

Verlauf der Erlebnistour „Perfekt im Überblick“
Verlauf der Erlebnistouren

Der Gesamtverlauf aller Touren ist auch in der herausnehmbaren Faltkarte eingetragen

 Bild: Rheinbrücke bei Speyer

Unterwegs in der Pfalz

Die Seiteneinteilung für den Reiseatlas finden Sie auf dem hinteren Umschlag dieses Reiseführers

A
B
C
Winterburg
Braunweiler
Sankt Katharinen
Roxheim
Hargesheim
Naturpark
Naheweinstr.
Rehbach
Ehem. Benediktiner-Klosterkirche
Sponheim
Mandel
Lindenhof
Wingertsberg
Daubach
Bockenau
Burgsponheim
Weinsheim
Rüdesheim
Schloss Kauzenburg
Nahebrücke
Römervilla
Lohrerhof
Schanzenkopf
Ellerbach
Soonwald
Waldböckelheim
Hüffelsheim
Traisen
Rotenfels
Gradierwerk
BAD MÜNSTER-am Stein-Ebernburg
Jagdschloss
Marienpforterhof
Nahe
Norheim
Schloß-böckelheim
Niederhausen
Rheinischer Sagenweg
Schloss Rheingrafenstein
Dörndich
Steinhardt
Oberstreit
Nußbaum
Boos
Deutsche Alleenstraße
Schaubergwerk
Altenbamberg
Ruine Altenbaumburg
BAD SOBERNHEIM
Oberhausen an der Nahe
Bingert
Duchroth
Ruine Disibodenberg
Ruine Treuenfels
Steigerhof
Meddersheim
Staudernheim
Freilichtmuseum
Naheweinstraße
Odernheim am Glan
Lemberg
Feilbingert
Feil
Hochstätten
Heddarterhof
Ruine Montfort
Hallgarten
Hühnerhof
Sankt Antoniushof
Dreiweiherhof
Winterborn
Abtweiler
Neudorferhof
Elkersberg
Lauschied
Lettweiler
Ruine Lewenstein
OBERMOSCHEL
Ev. Kirche
Baumberg
Rehborn
Niedermoschel
Kalkofen
Ruine Moschellandsburg
Spannagel
Raumbach
MEISENHEIM
Alsenz
Desloch
Unkenbach
Sankt Valentin
Oberndorf
Callbach
Sitters
Gutenbach
Breitenheim
Ev. Schlosskirche
Schiersfeld
Ruine Randeck
Mannweiler-Cölln
Schmalfelderhof
Gaugrehweiler
Schmittweiler
Morsbacherhof
Hengstbacherhof
Odenbach
Reiffelbach
Finkenbach-Gersweiler
Bayerfeld-Steckweiler
Stolzenbacherhof
Bremricherhof
Sankt Alban
Adenbach
Waldgrehweiler
Sulzhof
Steingruben
Hoferhof
Roth
Neubau
Giebelsbacherhof
Rothenbaumerhof
Gangloff
Stahlberg
Dielkirchen
Cronenberg
Römerhof
Ransweiler
Hanauerhof
Würzweiler
Ginsweiler
Becherbach
Roßberg
Bisterschied
Katzenbach
Schönborn
Sulzhof
Untermittweilerhof
Reipoltskirchen
Teschenmoschel
Lichtenberg
Rußmühlerhof
Karlshof
Nußbach
Schacherhof
INKELTALER-HOF
ROCKEN-HAUSEN
Hohenöllen
Ingweilerhof
Rudolphskirchen
Dörrmoschel
DÖRNBACH
Ausbacherhof
Berzweiler
Hintersteinerhof
Einöllen
Hefersweiler
Rathskirchen
Imsweiler
Steinberg
Oberweiler-Tiefenbach
Seelen
Felsbergerhof
Schleifmühle
Reiterhof
Ruine Hohenfels
Spreiterhof
Schweisweiler
Wambacherhof
Rothenberg
Reichsthal
Messersbacherhof
Kreuzhof
Gundersweiler
WOLFSTEIN
Relsberg
Niederkirchen
Kahlheckerhof
Hochstein
Morbach
Heimkirchen
Gehrweiler
Winnweiler
ROSSBACH
Amoshof
Wingertsweilerhof
Waldhaus
Alsenbrück-Langmeil
Wörsbach
Holbornerhof
Reiserberg
Heiligenmoschel
Ruine Heidenburg
Lohnsfeld
Kreimbach-Kaulbach
Höringen
Neuhof
Wickelhof
Leithöfe
Hahnbacherhof
Schallodenbach
Wackenbornerhof
Potzbach
Olsbrücken
Schneckenhausen
Messerschwanderhof
Frankelbach
Untersulzbach
DREHENTHALERHOF
Schmitterhof
Hirschhorn (Pfalz)
Mehlbach
OTTERBERG
Rohrbach
Sulzbachtal
Wartenberg-
123

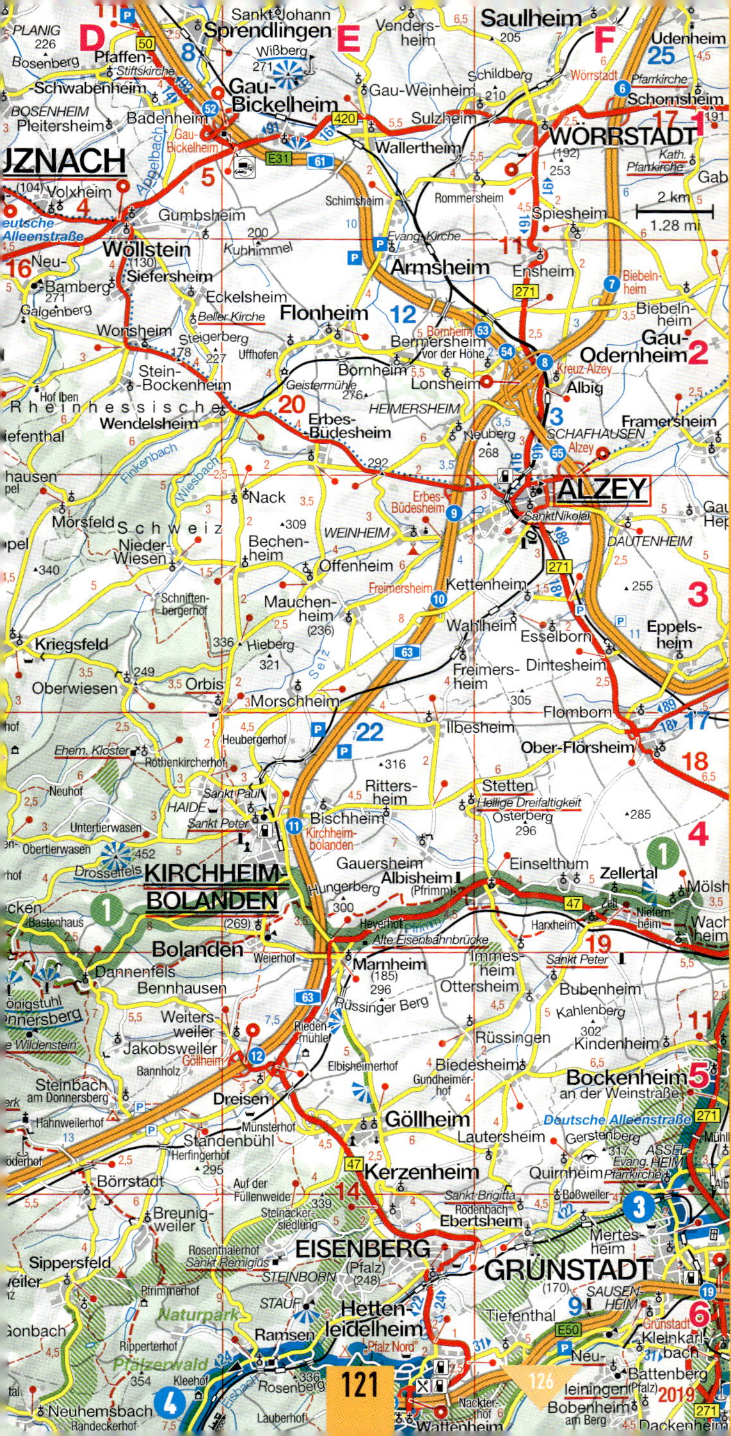
D
E
F
Sankt Johann
Sprendlingen
Vendersheim
Saulheim
Udenheim
PLANIG
Pfaffen-Schwabenheim
Wißberg
Gau-Bickelheim
Gau-Weinheim
Schildberg
Wörrstadt
Pfarrkirche
Schornsheim
BOSENHEIM
Pleitersheim
Badenheim
Sulzheim
WÖRRSTADT
Wallertheim
Kath. Pfarrkirche
BAD KREUZNACH
Volxheim
Gumbsheim
Schimsheim
Rommersheim
Spiesheim
2 km
1.28 mi
Deutsche Alleenstraße
Wöllstein
Kuhhimmel
Evang. Kirche
Neu-Bamberg
Siefersheim
Armsheim
Ensheim
Biebelnheim
Galgenberg
Eckelsheim
Beller Kirche
Flonheim
Wonsheim
Steigerberg
Uffhofen
Bermersheim vor der Höhe
Bornheim
Gau-Odernheim
Stein-Bockenheim
Geistermühle
Lonsheim
Kreuz Alzey
Albig
Hof Iben
Rheinhessische Schweiz
Wendelsheim
Erbes-Büdesheim
HEIMERSHEIM
Framersheim
SCHAFHAUSEN
Neuberg
Alzey
Finkenbach
Wiesbach
Nack
ALZEY
Sankt Nikolai
Mörsfeld
Nieder-Wiesen
Bechenheim
WEINHEIM
DAUTENHEIM
Offenheim
Freimersheim
Kettenheim
Schniftenbergerhof
Mauchenheim
Eppelsheim
Wahlheim
Esselborn
Kriegsfeld
Hieberg
Dintesheim
Selz
Freimersheim
Oberwiesen
Orbis
Morschheim
Flomborn
Heubergerhof
Ilbesheim
Ober-Flörsheim
Ehem. Kloster
Rothenkirchenhof
Ritters-heim
Stetten
Neuhof
Sankt Paul
HAIDE
Heilige Dreifaltigkeit
Osterberg
Sankt Peter
Bischheim
Untertierwasen
Kirchheimbolanden
Obertierwasen
Drosselfels
Gauersheim
Einselthum
KIRCHHEIM-BOLANDEN
Albisheim (Pfrimm)
Zellertal
Hungerberg
Mölsheim
Bastenhaus
Zell
Niefernheim
Wachenheim
Heyerhof
Harxheim
Bolanden
Alte Eisenbahnbrücke
Weierhof
Sankt Peter
Marnheim
Immesheim
Dannenfels
Bennhausen
Ottersheim
Bubenheim
Königstuhl
Donnersberg
Rüssinger Berg
Kahlenberg
Weitersweiler
Riedenmühle
Rüssingen
Kindenheim
Wildenstein
Jakobsweiler
Göllheim
Bannholz
Elbisheimerhof
Biedesheim
Steinbach am Donnersberg
Gundheimerhof
Bockenheim an der Weinstraße
Dreisen
Deutsche Alleenstraße
Hahnweilerhof
Münsterhof
Göllheim
Lautersheim
Gerstenberg
Standenbühl
Mühlheim
Herfingerhof
Evang. Pfarrkirche
ASSELHEIM
Börrstadt
Kerzenheim
Quirnheim
Auf der Füllenweide
Sankt Brigitta
Boßweiler
Steinackersiedlung
Rodenbach
Breunigweiler
Ebertsheim
Mertesheim
Rosenthalerhof
Sippersfeld
Sankt Remigius
EISENBERG (Pfalz)
GRÜNSTADT
STEINBORN
SAUSENHEIM
Pfrimmerhof
STAUF
Hettenleidelheim
Naturpark
Tiefenthal
Kleinkarlbach
Gonbach
Ramsen
Grünstadt
Ripperterhof
Pfalz Nord
Neuleiningen (Pfalz)
Battenberg
Pfälzerwald
Kleehof
Rosenberg
Eisbach
Nackterhof
Bobenheim am Berg
Neuhemsbach
Randeckerhof
Lauberhof
Wattenheim
Dackenheim
126

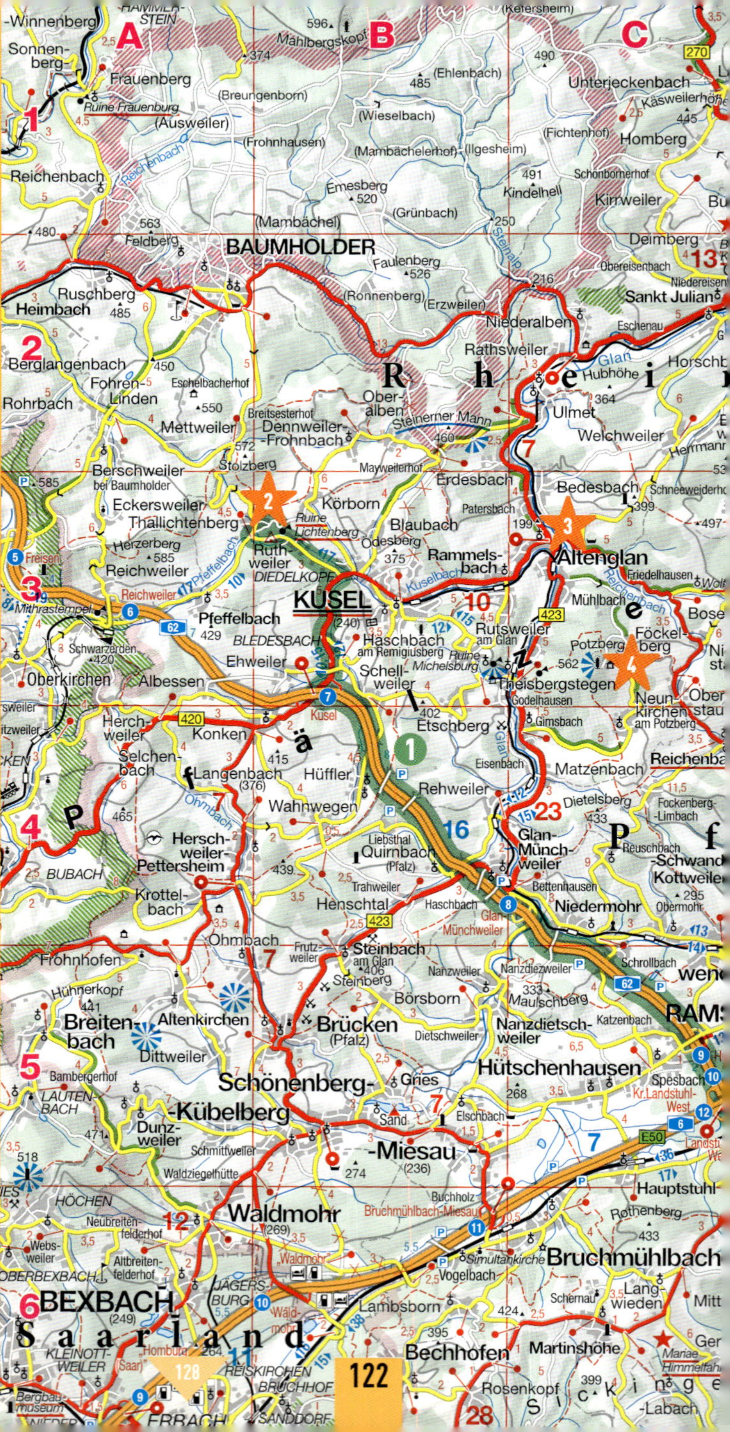
A
B
C
Winnenberg
Sonnenberg
Frauenberg
Ruine Frauenburg
(Ausweiler)
Reichenbach
Mählbergskopf
(Breungenborn)
(Frohnhausen)
(Ehlenbach)
(Wieselbach)
(Mambächelerhof)
(Ilgesheim)
Emesberg
(Grünbach)
(Mambächel)
Unterjeckenbach
Käsweilerhof
Homberg
(Fichtenhof)
Schönbornerhof
Kindelheil
Kirrweiler
Deimberg
Obereisenbach
Niedereisenbach
Sankt Julian
BAUMHOLDER
Feldberg
Ruschberg
Heimbach
Faulenberg
(Ronnenberg)
(Erzweiler)
Niederalben
Rathsweiler
Eschenau
Glan
Hubhöhe
Horschbach
Berglangenbach
Fohren-Linden
Eschelbacherhof
Rohrbach
Mettweiler
Breitsesterhof
Dennweiler-Frohnbach
Oberalben
Steinerner Mann
Ulmet
Welchweiler
Herrmann
Stolzberg
Berschweiler bei Baumholder
Mayweilerhof
Erdesbach
Bedesbach
Schneeweiderhof
Eckersweiler
Thallichtenberg
Ruine Lichtenberg
Körborn
Patersbach
Blaubach
Ödesberg
Altenglan
Friedelhausen
Herzerberg
Reichweiler
Ruthweiler
Pfeffelbach
DIEDELKOPF
Rammelsbach
Kuselbach
Mühlbach
Reichenbach
Bosenbach
Freisen
Mithrastempel
KUSEL
Rutsweiler am Glan
Föckelberg
Schwarzerden
Pfeffelbach
BLEDESBACH
Haschbach am Remigiusberg
Potzberg
Oberkirchen
Albessen
Ehweiler
Schellweiler
Ruine Michelsburg
Theisbergstegen
Godelhausen
Neunkirchen am Potzberg
Herchweiler
Konken
Kusel
Etschberg
Gimsbach
Selchenbach
Langenbach
Hüffler
Eisenbach
Matzenbach
Reichenbach
Rehweiler
Ohmbach
Wahnwegen
Dietelsberg
Fockenberg-Limbach
Herschweiler-Pettersheim
Liebsthal
Quirnbach (Pfalz)
Glan-Münchweiler
Reuschbach
Schwanden
Kottweiler
BUBACH
Trahweiler
Bettenhausen
Krottelbach
Henschtal
Haschbach
Niedermohr
Obermohr
Glan-Münchweiler
Ohmbach
Frohnhofen
Frutzweiler
Steinbach am Glan
Steinberg
Nanzweiler
Nanzdiezweiler
Schrollbach
Hühnerkopf
Maulschberg
Breitenbach
Altenkirchen
Börsborn
Brücken (Pfalz)
Nanzdietschweiler
Katzenbach
RAMS
Dittweiler
Dietschweiler
Bambergerhof
Hütschenhausen
LAUTENBACH
Schönenberg-Kübelberg
Gries
Spesbach
Kr. Landstuhl-West
Dunzweiler
Sand
Elschbach
Schmittweiler
Miesau
Waldziegelhütte
Hauptstuhl
HÖCHEN
Buchholz
Bruchmühlbach-Miesau
Rothenberg
Neubreitenfelderhof
Waldmohr
Websweiler
Altbreitenfelderhof
Simultankirche
Bruchmühlbach
OBERBEXBACH
Waldmohr
Vogelbach
Langwieden
JÄGERSBURG
Schernau
BEXBACH
Lambsborn
Mittelbrunn
Saarland
Waldmohr
Bechhofen
Martinshöhe
Gerhardsbrunn
KLEINOTTWEILER
Homburg (Saar)
REISKIRCHEN
BRUCHHOF
Mariae Himmelfahrt
Bergbaumuseum
Rosenkopf
-Labach
ERBACH
SANDDORF
Rheinland-Pfalz
Sickinger
128

D
E
F
120
Odenbach
Adenbach
Medard
Windhof
Roth
Reiffelbach
Finkenbach-Gersweiler
Waldgrehweiler
Gangloff
Bayerfeld-Steckweiler
Stolzenbacherhof
Sulzhof
Steingruben
Neubau
Stahlberg
Ransweiler
Grumbach
Glan
Cronenberg
Rothenbaumerhof
Ginsweiler
Becherbach
Römerhof
Roßberg
Bisterschied
Schönborn
Katzenbach
Untermittweilerhof
LAUTERECKEN
Lohnweiler
Wiesweiler
Heinzenhausen
Sulzhof
Karlshof
Reipoltskirchen
Nußbach
Teschenmoschel
Lichtenberg
Schacherhof
INKELTALERHOF
ROCKENHAUSEN
Offenbach-Hundheim
Hirsauer Kapelle
Hohenöllen
Ausbacherhof
Odenbach
Ingweilerhof
Rudolphskirchen
Dörrmoschel
Rathskirchen
DÖRNBACH
Nerzweiler
Lauter
Einöllen
Berzweiler
Hefersweiler
Seelen
Felsbergerhof
Imsweiler
Aschbach
Oberweiler-Tiefenbach
Spreiterhof
Schleifmühle
Gundersweiler
Hinzweiler
Ruine Altwolfstein
WOLFSTEIN
Relsberg
Rothenberg
Reichsthal
Messersbacherhof
Kreuzhof
Niederkirchen
Oberweiler im Tal
Schaubergwerk
Königsberg
Zweikirchen
Morbach
Heimkirchen
Kahlheckerhof
Gehrweiler
Rutsweiler an der Lauter
ROSSBACH
Amoshof
Eßweiler
Ruine Heidenburg
Wörsbach
Holbornerhof
Reiserberg
Wingertsweilerhof
Waldhaus
Heiligenmoschel
Höringen
Rothselberg
Kreimbach-Kaulbach
Neuhof
Wickelhof
Potschberg
Hahnbacherhof
Schallodenbach
Wackenbornerhof
Olsbrücken
Schneckenhausen
Messerschwanderhof
Jettenbach
Frankelbach
Untersulzbach
Hirschhorn (Pfalz)
DREHENTHALERHOF
Galgenberg
Gosenbergerhof
Sulzbachtal
Obersulzbach
Mehlbach
OTTERBERG
Kollweiler
LAUERHOF
Pörrbach
Eulenbis
Katzweiler
Humberg
Reichenbacherhof
Münchschwanderhof
Schwedelbach
Erzenhausen
Kühbörncheshof
Sambach
Ehem. Klosterkirche
STOCKBORN
Otterbach
ALTHÜTTERHOF
Weilerbach
ERFENBACH
ERLENBACH
Eichelberg
GEHRSWEILERHOF
MORLAUTERN
St. Bartholomäus
Mackenbach
Rodenbach
Tierpark
SIEGELBACH
WIESENTHALERHOF
-MIESENBACH
Reichswald
ERZHÜTTEN
Kaiserslautern-West
Kaiserslautern-Einsiedlerhof
Sankt Martin
ESELSFÜRTH
KL-Ost
Stiftskirche
Fr.-Walter-Stadion
Vogelweh
Ramstein-Miesenbach
EINSIEDLERHOF
KAISERSLAUTERN
Kindsbach
Ruine Hohenecken
Großer Humberg
Ruine Nanstein
Sankt Andreas
LANDSTUHL
Ruine Perlenberg
HOHENECKEN
Geltersw oog
DANSENBERG
Reichswald
Naturpark
Bann
Großer Stempelberg
Espensteig
Aschbach
Breitenau
Stelzenberg
MÖLSCHBACH
Queidersbach
Wasserstein
Pfälzerwald
Langensohl
Trippstadt
Obernheim-Kirchenarnbach
Krickenbach
Moosalbe
Unterhammer
Ruine Wilenstein
Homberg
Linden
Schopp
Weselberg
Zeselberg
Neumühle
Neuhof
Johannis-
129
2 km
1,28 mi

Reipoltskirchen
Teschenmoschel
Lichtenberg
Schacherhof
Rußmühlerhof
A
B
C
120
ROCKEN-
HAUSEN
Nußbach
INKELTALER-
HOF
MARIENTHAL
Königstuhl
Donnersberg
Odenbach
Ingweilerhof
Rudolphs-
kirchen
Dörr-
moschel
DÖRNBACH
Hintersteinerhof
Mord-
kammerhof
Ruine Wildenstein
Berzweiler
Rathskirchen
Falkenstein
Hefersweiler
Seelen
Felsbergerhof
Imsweiler
Steinberg
Schleif-
mühle
Reiterhof
Ruine Hohenfels
Besucherbergwerk
Weiße Grube
Spreiterhof
Rothenberg
Reichsthal
Messersbacher-
hof
Gunders-
weiler
Schweis-
weiler
Wambacherhof
Imsbach
Röderhof
Relsberg
Nieder-
kirchen
Kreuzhof
Kahlheckerhof
Hochstein
Waschbacher-
hof
Heimkirchen
Gehrweiler
Winnweiler
Morbach
Amoshof
Wingertsweiler-
hof
Waldhaus
Alsenbrück-
Langmeil
Wörsbach
Holbornerhof
Reiserberg
Heiligen-
moschel
Lohnsfeld
Münchweiler
an der Alsenz
Sippersfeld
Neuhof
Wickelhof
Höringen
Winnweiler
Hahnbacherhof
Schallodenbach
Wackenbornerhof
Leithöfe
Potzbach
Gonbach
Olsbrücken
Schnecken-
hausen
Messerschwanderhof
Neumühle
Schmitterhof
Hirschhorn
(Pfalz)
DREHEN-
THALER-
HOF
Heinzental
Mehlbach
Rohrbach
Warten-
berg-
Sembach
OTTERBERG
(230)
LAUERHOF
Sembach
Humberg
Katz-
weiler
Mehlingerhof
Reichenbacher-
hof
Münchschwander-
hof
Kühbörncheshof
Sambach
Ehem.
Kloster-
kirche
Baalborn
Mehlingen
STOCKBORN
Otterbach
(240)
ALTHÜTTER-
HOF
Klosterkirche
Sankt
Norbert
Enkenbach
ERFEN-
BACH
ERLENBACH
Neukirchen
Eichelberg
Rodenbach
Fröhnerhof
GEHRSWEILERHOF
Tierpark
MORLAUTERN
St. Bartholomäus
Altenhof
SIEGEL-
BACH
Dr.-KL.
Enkenb.-
Alsenborn
WIESENTHALERHOF
E50
Hoch-
speyer
(266)
ERZHÜTTEN
Sankt
Martin
ESELSFÜRTH
Quaitersberg
Kaiserslautern-
Kaiserslautern-West
Einsiedlerhof
KL-Ost
Fischbach
Stiftskirche
Fr.-Walter-
Stadion
Ruine Beilstein
Heiligenberger
Tunnel
Vogelweh
KAISERSLAUTERN
(233)
Ruine Perlenberg
Ruine
Hohenecken
HOHEN-
ECKEN
Großer Humberg
Naturpark
Harter Kopf
Gelters-
woog
DANSENBERG
Reichswald
Espensteig
Aschbach
Waldleiningen
Breitenau
Stelzenberg
MÖLSCHBACH
Stüterhof
Wasserstein
Langensohl
Trippstadt
(420)
Unterhammer
Ruine Wilenstein
Mückenwiese
Krickenbach
Homberg
Speyerbrunn
Speyerbach
Elmstein
Schopp
Neuhof
Moosalbe
Johannis-
kreuz
Schwarzbach
Neuhof
Geiselberg
(414)
Schmalenberg
Lauberhof
Erlenbach
Deutsch-Französische
Touristikroute
Meiserspring
Steinberg
Hornesselwiese
Heltersberg
Eschkopf
Stilles Tal
Hahnenkopf
129
Waldfischbach-
Pfälzerwald
Schwarzbach
2 km
1,28 mi

Bolanden
Marnheim
Immesheim
Ottersheim
Bubenheim
Monsheim
Bockenheim an der Weinstraße
Kindenheim
Rüssingen
Biedesheim
Obrigheim (Pfalz)
Göllheim
Dreisen
Standenbühl
Lautersheim
Kerzenheim
Quirnheim
Ebertsheim
Mertesheim
EISENBERG (Pfalz)
GRÜNSTADT
Tiefenthal
Kirchheim an der Weinstraße
Kleinkarlbach
Großkarlbach
Hettenleidelheim
Ramsen
Wattenheim
Neuleiningen
Battenberg (Pfalz)
Bobenheim am Berg
Bissersheim
FREINSHEIM
Dackenheim
Weisenheim am Berg
Altleiningen
Carlsberg
Herxheim am Berg
Erpolzheim
Kallstadt
Deutsche Weinstraße
Deutsche Alleenstraße
BAD DÜRKHEIM
Ungstein
Friedelsheim
Weidenthal
Frankenstein
Drachenfels
WACHENHEIM an der Weinstraße
Forst an der Weinstraße
Niederkirchen bei Deidesheim
DEIDESHEIM
Ruppertsberg
Neidenfels
Lindenberg
Königsbach
Gimmeldingen
Esthal
LAMBRECHT (Pfalz)
Mussbach
NEUSTADT an der Weinstraße
Hambach
Diedesfeld
EDENKOBEN
Maikammer
Kirrweiler (Pfalz)
Sankt Martin
Duttweiler
Lachen-Speyerdorf
Edenkoben
Pfälzerwald
121
130

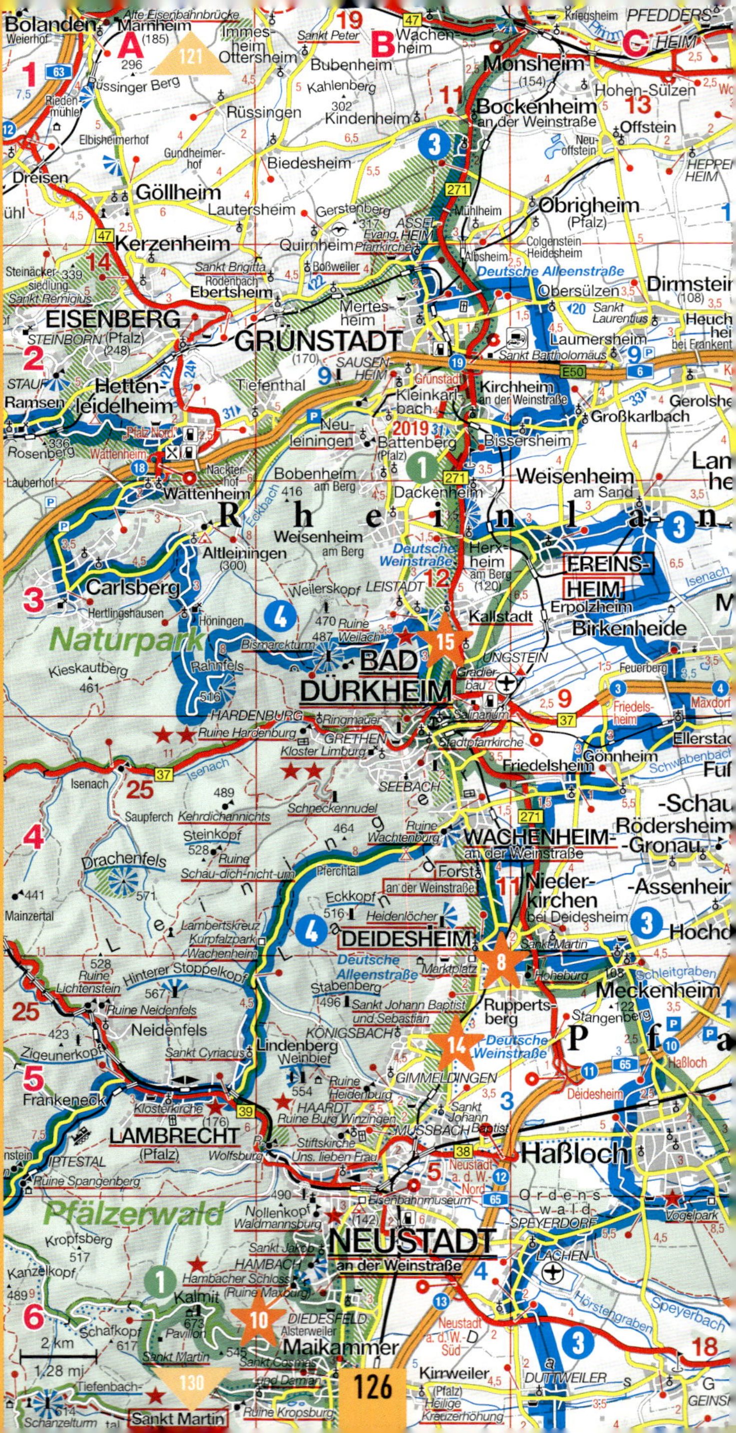

Bolanden
Weierhof
Alte Eisenbahnbrücke
Marnheim
(185)
A
121
Immesheim
Ottersheim
19
Sankt Peter
B
Wachenheim
47
Kriegsheim
PFEDDERSHEIM
C
Monsheim
(154)
Hohen-Sülzen
13
296
Rüssinger Berg
Bubenheim
Kahlenberg
302
Kindenheim
11
Bockenheim
an der Weinstraße
Offstein
Neu-offstein
1
63
Riedenmühle
Rüssingen
12
Elbisheimerhof
Gundheimerhof
Biedesheim
3
HEPPENHEIM
Dreisen
Göllheim
Lautersheim
Gerstenberg
317
271
Mühlheim
Obrigheim
(Pfalz)
ASSELHEIM
Evang. Pfarrkirche
47
Kerzenheim
Quirnheim
Albsheim
Colgenstein-Heidesheim
Steinäckersiedlung
339
14
Sankt Brigitta
Boßweiler
Rodenbach
Deutsche Alleenstraße
Sankt Remigius
Ebertsheim
Mertesheim
Obersülzen
Dirmstein
(108)
EISENBERG
20
Sankt Laurentius
Heuchelheim
bei Frankenthal
STEINBORN (Pfalz)
(248)
GRÜNSTADT
Laumersheim
2
(170)
SAUSENHEIM
9
19
Sankt Bartholomäus
E50
9
6
STAUF
Hettenleidelheim
Tiefenthal
Grünstadt
Kirchheim
an der Weinstraße
Ramsen
22
24
Kleinkarlbach
33
Gerolsheim
Großkarlbach
31
Neuleiningen
2019
31
Battenberg
(Pfalz)
Bissersheim
Pfalz Nord
Rosenberg
336
Wattenheim
18
1
Lauberhof
Nackterhof
Bobenheim
am Berg
271
Dackenheim
Weisenheim
am Sand
Wattenheim
416
Eckbach
R h e i n l a n
3
3
Altleiningen
(300)
Weisenheim
am Berg
Deutsche Weinstraße
Herxheim
am Berg
(120)
FREINSHEIM
Isenach
3
Carlsberg
Hertlingshausen
Weilerskopf
LEISTADT
12
Erpolzheim
Naturpark
Höningen
4
470
Ruine
487
Weilach
15
Kallstadt
Birkenheide
Bismarckturm
BAD
DÜRKHEIM
UNGSTEIN
Kieskautberg
461
Rahnfels
516
Gradierbau
Feuerberg
3
4
Maxdorf
HARDENBURG
Ringmauer
Salinarium
9
37
Friedelsheim
Ruine Hardenburg
GRETHEN
Stadtpfarrkirche
Ellerstadt
Kloster Limburg
Gönnheim
Isenach
37
25
Friedelsheim
Schwabenbach
SEEBACH
489
Schneckennudel
271
-Schauernheim
Saupferch
Kehrdichannichts
Rödersheim
4
Steinkopf
464
Ruine
Wachtenburg
WACHENHEIM
an der Weinstraße
-Gronau
528
Ruine
Drachenfels
Schau-dich-nicht-um
Pferchtal
Forst
an der Weinstraße
11
Niederkirchen
bei Deidesheim
-Assenheim
441
571
Eckkopf
Mainzertal
516
Heidenlöcher
4
DEIDESHEIM
3
Hochdorf
Lambertskreuz
Kurpfalzpark
Wachenheim
Sankt Martin
8
Deutsche Alleenstraße
Marktplatz
Hoheburg
Schleitgraben
Meckenheim
528
Ruine Lichtenstein
Hinterer Stoppelkopf
567
Stabenberg
496
Sankt Johann Baptist
und Sebastian
Ruppertsberg
122
Stangenberg
25
Ruine Neidenfels
Neidenfels
KÖNIGSBACH
14
Deutsche Weinstraße
P f a
423
Zigeunerkopf
Lindenberg
Weinbiet
Sankt Cyriacus
10
11
65
Haßloch
5
Ruine Heidenburg
GIMMELDINGEN
554
Deidesheim
3
Frankeneck
Klosterkirche
(176)
39
HAARDT
Ruine Burg Winzingen
Sankt Johann Baptist
MUSSBACH
LAMBRECHT
(Pfalz)
Stiftskirche
Uns. lieben Frau
38
Haßloch
Wolfsburg
IPTESTAL
5
Neustadt a. d. W.-Nord
12
Ruine Spangenberg
490
Eisenbahnmuseum
65
Ordenswald
Pfälzerwald
Nollenkopf
Waldmannsburg
(142)
Vogelpark
SPEYERDORF
Kropfsberg
517
Sankt Jakob
NEUSTADT
an der Weinstraße
HAMBACH
LACHEN
Kanzelkopf
489
1
Hambacher Schloss
(Ruine Maxburg)
4
Kalmit
673
10
DIEDESFELD
13
Hörstengraben
Speyerbach
6
Schafkopf
617
Pavillon
Alsterweiler
Maikammer
Neustadt a. d. W.-Süd
3
18
2 km
1,28 mi
Sankt Martin
545
Sankt Cosmas
und Damian
Kirrweiler
(Pfalz)
DUTTWEILER
130
614
Tiefenbach
Schanzelturm
Sankt Martin
Ruine Kropsburg
Heilige Kreuzerhöhung
GEINSHEIM

D
E
F
WORMS
Dom Sankt Peter
Rosengarten
BÜRSTADT
Boxheimerhof
Lampertheimer Wald
Hessen
NEUSCHLOSS
PFIFFLIGHEIM
HORCHHEIM
WEINSHEIM
Bobenheim-Roxheim
Biedensand
LAMPERTHEIM
Kirschgartshausen
Scharrau
Petersau
Beindersheim
Baden-
Sandtorf
Viernheimer Heide
SCHARHOF
BLUMENAU
Mannheim-Sandhofen
Frankenthal
Ludwigshafen-Nord
SCHÖNAU
Viernheimer Dreieck
MÖRSCH
PFINGSTWEIDE
Zwölfapostel-Kirche
SANDHOFEN
Freilichtbühne
GARTEN-STADT
VIERNHEIM
Württemb.
EDIGHEIM
FRANKENTHAL (Pfalz)
OPPAU
WALDHOF
KÄFERTAL
FLOMERSHEIM
MANNHEIM
Viernheimer Kr.
STUDERNHEIM
FRIESENHEIM
VOGELSTANG
Straßen
EPPSTEIN
WALLSTADT
Friedenskirche
Jesuitenkirche
Nationaltheater
FEUDENHEIM
OGGERSHEIM
Friedrich-Ebert-Halle
Schloss
Luisenpark
Memorial Route
Ruchheim
Wallfahrtskirche
Oggersheim-Süd
Carl-Benz-Stadion
Ilvesheim
Oggersheimer Kreuz
Herz-Jesu-Kirche
Techn. Landesmuseum
LU-Stadt
Stadion
RUCHHEIM
LINDENHOF
SECKENHEIM
LUDWIGSHAFEN am Rhein
MA-Neckarau
Neckarhausen
Kreuz Mannheim
Mutterstadt
Dr. LU
MUNDENHEIM
MAUDACH
NECKARAU
Pferderennbahn
RHEINGÖNHEIM
Ogg. Str.
Mutterstadt
Sankt Medard
Mutterstadt West
PFINGSTBERG
Burgenstraße
Limburgerhof
Neuhofen
Rennbahn
Altrip
Blaue Adria
RHEINAU
Dannstadt
Mannheim/Schwetzingen
Rehhütte
EPPELHEIM
Waldsee
Kohlhof
Brühl
Kollerinsel
Schifferstadt
Schlosspark
Rathaus
SCHIFFERSTADT
SCHWETZINGEN
Schloss
Otterstadt
Ketsch
Iggelheim
Oftersheim
Rinkenbergerhof
Speyer
Binshof
Schwetzingen/Hockenheim
Deutsch-Französische Touristikroute
SPEYER-NORD
Badische Spargelstraße
Deutschhof
Dreieck Hockenheim
Ketschau
TALHAUS
Hockenheim
Weiherhof
Siegelhain
SPEYER
Dom
Sea Life
HOCKENHEIM
Hanhofen
Woogbach
Gedächtniskirche
Hist. Museum der Pfalz
Technik-Museum
Aquadrom
Dudenhofen
Berghausen
Ölraffinerie
Neulußheim
Altlußheim
Reilingen
131

A
B
C
122
1
2
3
4
5
6
HOMBURG
ZWEIBRÜCKEN
Bechhofen
Rosenkopf
Mariae Himmelfahrt
Gerhardsbrunn
Kirchenarnbach
Reiskirchen
Bruchhof
Sanddorf
Ruine Karlsberg
Labach
Knopp
Scharrhof
Neumühle
Wiesbach
Hettenhausen
Saalstadt
Harsberg
Käshofen
Krähenberg
Biedershausen
Obernheim
Hermersberg
Schauerberg
Riegelsberg
Schlossberghöhlen
Burgruine
Kleinbundenbach
Nasse Hecke
Oberhausen
Wallhalben
Ev. Pfarrkirche
Universitätskliniken
Schmitshausen
Sickinger Höhe
Westrich
Rhein
Großbundenbach
Winterbach (Pfalz)
Herschberg
Höheinöd
Kirrberg
Mörsbach
Niederhausen
Reifenberg
Wallhalbe
Oberauerbach
Battweiler
Himmelsberg
Maßweiler
Thaleischweiler-Fröschen
Stockbornerhof
Auf dem Hausgiebel
Ernstweiler
Niederauerbach
Contwig
Buppenthalerhof
Rieschweiler-Mühlbach
Thalfröschen
Hitscherhof
Höhfröschen
Alexanderskirche
Residenzschloss
Tschifflick
Stambach
Ixheim
Schwarzbach
Hohmühlbach
Höheischweiler
Petersberg
Pirmasens
Truppacherhof
Dellfeld
Fehrbach
Nünschweiler
Pirmasens Winzeln
ZW-Ixheim
Heidelbingerhof
Regionalflughafen Zweibrücken
Rimschweiler
Offweilerhof
Walshausen
Hengsberg
Heckenaschbacherhof
Kirschbacherhof
Huberhof
Windsberg
Gersbach
Langenbergerhof
Bödingerhof
Althornbach
Kleinsteinhausen
Felsalbe
Stuppacherhof
Am Hochgericht
Monbijou
Hornbach
Dietrichingen
Mauschbach
Großsteinhausen
Winzeln
Ehemalige Benediktinerabtei
Sankt Johannes
Riedelberg
Bottenbach
Niedersimten
Opperding
Rolbing
Einöderwiesenhof
Ringweilerhof
Ohrenthal
Stausteinerhof
Obersimten
Brenschelbach
Windhof
Obere Ecke
Schweyen
Vinningen
Dorst
Walschbronn
Felsenbrunnerhof
Loutzviller
Kröppen
Pfälzer
Eschviller
Waldhouse
Trulben
Hochstellerhof
Breidenbach
Schweix
Imsbacherhof
Bousséviller
Hilst
Ransbrunnerhof
Olsberg
Gendersberg Ferme
Eppenbrunn
Volmunster
Liederschiedt
Weiskirch
Lengelsheim
Roppeviller
Altschloßfelsen
Nousseviller-les Bitche
Hanviller
la Horn Rivière
Parc
Dollenbach
Bersiederhof
Neudoerfel
Circuit Touristique Franco-Allemand
Erlenkopf
Hottviller
Haspelschiedt
Schorbach
FRANCE
Freudenberg
Holbach
Citadelle
Quartier Pagezy
Schaafbrunn
Sturzelbronn
Bitche
Reyersviller
Camp de Bitche
Forêt Domaniale de Sturzelbronn
Siersthal
Naturel
la Hardt
Lambach
Etang de Hasselfurt
Glasenberg
Stockbronn
Schwangerbach
Hochkopf
Eguelshardt
Château de Waldeck
Enchenberg
des Vosges
du Nord
Forêt Domaniale
Waldeck
Etang de Hanau
A8
D85
D35A
D962
D620
D35
D662
D37
424

D
E
F
123
2 km
1.28 mi
Trippstadt
Schopp
Schmalenberg
Geiselberg
Steinalben
Heltersberg
Johanniskreuz
Schwarzbach
Erlenbach
Steinberg
Eschkopf
Deutsch-Französische Touristikroute
Speyerbach
Moosalbe
Naturpark
Waldfischbach-
-Burgalben
Deutsche Schuhstraße
Maria Rosenberg
Ruine Heidelsburg
Großer Hundsberg
Schmaler Kopf
Hesselsberg
Leimen
Clausen
Merzalben
Ringelsberg
Merzalbe
Schwarzbach
Hahnenkopf
Hofstätten
Großeck
Eiterberg
Weißenberg
Luitpold-Turm
Hermersbergerhof
Wartenberg
Ruine Gräfenstein
RODALBEN
NEUHOF
Riegelbrunnerhof
Münchweiler an der Rodalb
Lamsbacherhof
Hombrunnerhof
Große Boll
Spitze-Boll
Pfälzerwald
Wilgartswiesen
Ruine Falkenburg
Queich
Großer Mühlenberg
Hinterweidenthal
Teufelstisch
Hauenstein
Katharina-Kapelle
Christ-Königskirche
Deutsches Schuhmuseum
PIRMASENS
RUHBANK
Ruppertsweiler
Großer Schiffelskopf
Lemberg
Salzwoog
Ruine Neudahn
Geiskopf
DAHN
Erfweiler
Schwanheim
Dimbach
Lug
Bärenbrunnerhof
Dahner Felsenland
Darstein
Ruine Lindelbrunn
Ruine Altdahn
Oberschlettenbach
Langmühle
Buchbach
Großer Stephansberg
Moosbach
Felsland Badeparadies
REICHENBACH
Lauter
Schindhard
Busenberg
Vorderweidenthal
Reinigshof
Großer Mückenkopf
Großer Eyberg
Napoleonsfelsen
Ruine Drachenfels
Sankt-Gertraut-Kapelle
Jüngstberg
Erlenbach bei Dahn
Schloss Berwartstein
Ruine Kleinfrankreich
Bruchweiler-Bärenbach
Großebet
Biesenberg
Deckenberg
Biosphärenreservat
Fischbach bei Dahn
Baumwipfelpfad
Biosphärenhaus
Rumberg
Rumbach
Bundenthal
Sankt-Anna-Kapelle
Reisdorf
Niederschlettenbach
Schöntal
Saarbacherhammer
Ludwigswinkel
Pfälzerwald
Petersbächel
Unterpetersbächlerhof
Großer Adelsberg
Kuhnenkopf
Nothweiler
Schaubergwerk
Bobenthal
Gebüg
Schönau (Pfalz)
Ruine Wegelnburg
Ruine Blumenstein
Wengelsbach
Hirschthal
Château de Hohenbourg
Col de Litschhof
Château de Wasigenstein
Château du Petit Arnsbourg
Col du Goetzenberg
Obersteinbach
Château de Froensbourg
Château de Fleckenstein
Château de Vogelsberg
Niedersteinbach
Ferme du Froensbourg
Petit Wingen
Wingen
Circuit Touristique Franco-Allemand
Col du Pigeonnier
Château de Schoeneck
Château de Wineck
le Mohnenberg
Disteldorf
Climbach
Régional
Forêt de
Dambach
D3
48
10
427
2016

Naturpark
Pfälzerwald
Rheinland
Haardt
EDENKOBEN
Sankt Martin
Maikammer
Edesheim
Weyher in der Pfalz
Hainfeld
Rhodt unter Rietburg
Ruine Rietburg
Ludwigsturm
Ludwigshöhe
Friedensdenkmal
Ruine Kropsburg
Schänzelturm
Kesselberg
Ruine Frankenfelsen
Ruine Modeneck
Ruine Ramburg
Modenbach
Stilles Tal
Birkenkopf
Erlenkopf
Pfaffenkopf
Taubensuhl
Großeck
Döreneck
Harzofenberg
Großer Eischberg
Almersberg
Ramberg
Roßberg
Teufelsberg
Sanatorium Eußerthal
Eußerthal
Sankt Bernhard
Heilige Dreifaltigkeits Kirche
Ruine Neuscharfeneck
Ringwall
Dernbach
Burrweiler
Gleisweiler
Flemlingen
Roschbach
Sankt Anna
Sankt Stephan
Böchingen
Walsheim
Frankweiler
Sankt Johann
Geilweilerhof
GRÄFENHAUSEN
Albersweiler
Siebeldingen
GODRAMSTEIN
NUSSDORF
Landau
QUEICHHAMBACH
ANNWEILER am Trifels
Eiterberg
Wilgartswiesen
Rinnthal
SARNSTALL
Queich
Wellbach
Spirkelbach
Kaisermühle
Katharina-Kapelle
Christ-Königskirche
Pfarrkirche
Hohenberg
Burg Trifels
Ruine Anebos
Ruine Scharfenberg
Ruine Neukastell
Slevogthof
Birkweiler
Ranschbach
ARZHEIM
Bismarckturm
Zoo
Kleiner Kalmit
LANDAU in der Pfalz
WOLLMESHEIM
Ilbesheim bei Landau i.d.Pfalz
MÖRZHEIM
Impflingen
Wernersberg
BINDERSBACH
Rehberg
Ruine Schafstall
Leinsweiler
Lug
Völkersweiler
Schletterberg
Eschbach
Ruine Madenburg
Schwanheim
Dimbach
Waldrohrbach
Sankt Cyriacus
Gossersweiler-Stein
Waldhambach
Darstein
Eichelberg
Münchweiler am Klingbach
Ruine Schlößl
Göcklingen
Lochberg
Heuchelheim-Klingen
Deutsch-Französische Touristikroute
Insheim
Klingenmünster
Ruine Lindelbrunn
Silz
Burg Landeck
Appenhofen
Billigheim-Ingenheim
Sankt Martin
Mühlhofen
Vorderweidenthal
Wildpark Südliche Weinstraße
Abtskopf
BLANKENBORN
Gleiszellen-Gleishorbach
Sankt Dionysus
Klosterkirche
Oberhofen
Pleisweiler-Oberhofen
Sankt Simon und Judas
Niederhorbach
Roter Berg
Lauterschwan
Schloss Berwartstein
Ruine Kleinfrankreich
Birkenhördt
Kahlenberg
Böllenborn
Schloss
BAD BERGZABERN
Kapellen-Drusweiler
Oberhausen
Barbelroth
Hergersweiler
Reisdorf
Hohe Derst
Dörrenbach
Deutschhof
Kaplaneihof
Dierbach
Oberer Mundat-wald
Ruine Guttenberg
Hoher Kopf
Deutsche Weinstraße
Oberotterbach
Zuckerberg
Niederotterbach
Ruine Hochhaus
Vollmersweiler
Pfarrkirche
Freckenfeld
Rechtenbach
Otterbach
Kleinsteinfeld
SCHAIDT
Château de Vogelsberg
Château de Saint Paul
Saint Pierre et Paul
Weintor
Schweigen
Kapsweyer
Steinfeld
Weiler
WISSEMBOURG
Windhof
Schweighofen
Deutsche Alleenstraße
Unterer Mundatwald
Bienwald
Altenstadt
la Lauter Rivière
Col du Pigeonnier
Rott
Oberhoffen
Circuit Touristique Franco-Allemand
les Wissembourg
Steinseltz
Cleebourg
Château de Geisberg
FRANCE
Riedseltz
Oberdorf
Geitershof
Obere Ringgasse
Bienwaldmühle
Lauter
Drachenbronn-Birlenbach
Bremmelbach
Keffenach
Ingolsheim
Seebach
Untere Ringgasse
Schleithal
Salmbach
Scheibenhard
2 km
1,28 mi
A
B
C
125

D
E
F
18
127
Kirrweiler (Pfalz)
DUTTWEILER
GEINSHEIM
Harthausen
Woogbach
SPEYER
Berg
Dudenhofen
Heilige Kreuzerhöhung
Edenkoben
Altdorf
Böbingen
Gommersheim
Schwegenheim
Venningen
Pfälzer Weinstraße
Evang. Pfarrkirche
Freimersheim (Pfalz)
Freisbach
Heiligenstein
Großfischlingen
Weingarten (Pfalz)
Römerberg
Mechtersheim
Kleinfischlingen
Schloßberg
136
128
109
16
Niederhochstadt
Niederlustadt
Oberlustadt
Hainbach
Lingenfeld
Rhein
Essingen
Oberhochstadt
Hochstadt (Pfalz)
Lustadt
Westheim (Pfalz)
RHEINSHEIM
Zeiskam
Wendelinus-Kapelle
Bornheim
Queich
Sankt Jakob
Festung
DAMMHEIM
Dreihof
119
GERMERSHEIM
Offenbach an der Queich
Bellheim
Sollach
Elisabethenwört
Sankt-Paulus-Stift
SONDERNHEIM
Knittelsheim
Landau-Zentrum
MÖRLHEIM
Ottersheim bei Landau
Rußheim
Landau-Süd
Pfalz
Dettenheim
13
Hördt
162
Alzheimer Berg
Herxheimweyher
Liedolsheim
159
Insheim
Sankt-Paulus-Stift
Rülzheim
(112)
Vogelpark
Rohrbach
„Moby Dick"
Kuhardt
Hochstetten
Klingbach
(120)
Michelsbach
Leimersheim
Linkenheim-
Herxheim bei Landau/Pfalz
Hayna
Neupotz
Hatzenbühl
Leopoldshafen
Erlenbach bei Kandel
Rheinzabern
Kandel-Nord
Minderslachen
Jockgrim
Baden-
Kandel-Mitte
Sankt Georg
KANDEL
(128)
Otterbach
Eggenstein-
Ölhafen
Bodensee
Kandel-Süd
Württemberg
Landeshafen Wörth
Raffinerien
NEUREUT
KIRCHFELD-SIEDLUNG
WÖRTH am Rhein
103
15
Wörth-Dorschberg
KNIELINGEN
KARLSRUHE
Wörther Kreuz
Heilbach
MAXIMILIANSAU
MAXAU
(116)
Wildparkstadion
HAGENBACH
(105)
Tulla-Denkmal
Wiebelsbach
Staatl. Kunsthalle
Schloss
MÜHLBURG
Rheinhafen
Marktplatz
Sankt Stephan
DAXLANDEN
Schwarzwaldhalle
ZKM
Neuburg am Rhein
GRÜNWINKEL
Europahalle
Zoo
Rheinstrandbad Rappenwört
OBERREUT
Berg (Pfalz)
Forchheim
BULACH
Neulauterburg
Lauterbourg
Neuburgweier
RHEINSTETTEN
WEIHERFELD
GARTENSTADT
RÜPPURR

KARTENLEGENDE

Autobahn · Gebührenpflichtige Anschlussstelle · Gebührenstelle · Anschlussstelle mit Nummer · Rasthaus mit Übernachtung · Raststätte · Kleinraststätte · Tankstelle · Parkplatz mit und ohne WC	Trento 11 P P	Motorway · Toll junction · Toll station · Junction with number · Motel · Restaurant · Snackbar · Filling-station · Parking place with and without WC
Autobahn in Bau und geplant mit Datum der voraussichtlichen Verkehrsübergabe	Datum Date	Motorway under construction and projected with expected date of opening
Zweibahnige Straße (4-spurig)		Dual carriageway (4 lanes)
Fernverkehrsstraße · Straßennummern	14 E45	Trunk road · Road numbers
Wichtige Hauptstraße		Important main road
Hauptstraße · Tunnel · Brücke		Main road · Tunnel · Bridge
Nebenstraßen		Minor roads
Fahrweg · Fußweg		Track · Footpath
Wanderweg (Auswahl)		Tourist footpath (selection)
Eisenbahn mit Fernverkehr		Main line railway
Zahnradbahn, Standseilbahn		Rack-railway, funicular
Kabinenschwebebahn · Sessellift		Aerial cableway · Chair-lift
Autofähre · Personenfähre		Car ferry · Passenger ferry
Schifffahrtslinie		Shipping route
Naturschutzgebiet · Sperrgebiet		Nature reserve · Prohibited area
Nationalpark · Naturpark · Wald		National park · natural park · Forest
Straße für Kfz. gesperrt		Road closed to motor vehicles
Straße mit Gebühr		Toll road
Straße mit Wintersperre	XII-III	Road closed in winter
Straße für Wohnanhänger gesperrt bzw. nicht empfehlenswert		Road closed or not recommended for caravans
Touristenstraße · Pass	Weinstraße 1510	Tourist route · Pass
Schöner Ausblick · Rundblick · Landschaftlich bes. schöne Strecke		Scenic view · Panoramic view · Route with beautiful scenery
Heilbad · Schwimmbad		Spa · Swimming pool
Jugendherberge · Campingplatz		Youth hostel · Camping site
Golfplatz · Sprungschanze		Golf-course · Ski jump
Kirche im Ort, freistehend · Kapelle		Church · Chapel
Kloster · Klosterruine		Monastery · Monastery ruin
Synagoge · Moschee		Synagogue · Mosque
Schloss, Burg · Schloss-, Burgruine		Palace, castle · Ruin
Turm · Funk-, Fernsehturm		Tower · Radio-, TV-tower
Leuchtturm · Kraftwerk		Lighthouse · Power station
Wasserfall · Schleuse		Waterfall · Lock
Bauwerk · Marktplatz, Areal		Important building · Market place, area
Ausgrabungs- u. Ruinenstätte · Bergwerk		Arch. excavation, ruins · Mine
Dolmen · Menhir · Nuraghen		Dolmen · Menhir · Nuraghe
Hünen-, Hügelgrab · Soldatenfriedhof		Cairn · Military cemetery
Hotel, Gasthaus, Berghütte · Höhle		Hotel, inn, refuge · Cave
Kultur		**Culture**
Malerisches Ortsbild · Ortshöhe	WIEN (171)	Picturesque town · Elevation
Eine Reise wert	★★ MILANO	Worth a journey
Lohnt einen Umweg	★ TEMPLIN	Worth a detour
Sehenswert	Andermatt	Worth seeing
Landschaft		**Landscape**
Eine Reise wert	★★ Las Cañadas	Worth a journey
Lohnt einen Umweg	★ Texel	Worth a detour
Sehenswert	Dikti	Worth seeing
MARCO POLO Erlebnistour 1		**MARCO POLO Discovery Tour 1**
MARCO POLO Erlebnistouren		**MARCO POLO Discovery Tours**
MARCO POLO Highlight	1	**MARCO POLO Highlight**

REGISTER

Hier sind alle in diesem Reiseführer erwähnten Orte und Ausflugsziele verzeichnet. Gefettete Seitenzahlen verweisen auf den Haupteintrag.

SCHREIBEN SIE UNS!

Egal, was Ihnen Tolles im Urlaub begegnet oder Ihnen auf der Seele brennt, lassen Sie es uns wissen! Ob Lob, Kritik oder Ihr ganz persönlicher Tipp – die MARCO POLO Redaktion freut sich auf Ihre Infos.
Wir setzen alles dran, Ihnen möglichst aktuelle Informationen mit auf die Reise zu geben. Dennoch schleichen sich manchmal Fehler ein – trotz gründlicher Recherche unserer Autoren/innen. Sie haben sicherlich Verständnis, dass der Verlag dafür keine Haftung übernehmen kann.

MARCO POLO Redaktion
MAIRDUMONT
Postfach 31 51
73751 Ostfildern
info@marcopolo.de

IMPRESSUM
Titelbild: Weinberg Forster Ungeheuer (Look: H. Holler)
Fotos: DuMont Bildarchiv (111, 112 o., 112 u.), Haltner (11, 56), Wackenhut (4 u., 30/31, 43, 69, 85, 105, 110); M. Giffhorn (1 u.); huber-images: S. Cellai (6), Gräfenhain (29, 41, 90/91), S. Kremer (118/119), H. - P. Merten (5, 87), R. Schmid (4 o., 17, 26/27, 62/63, 64, 75, 80, 82, 96), Spiegelhalter (89); Laif: M. Kirchgessner (19 o.), U. Umstaetter (3, 18 u.); Look (9, H. Holler (1 o.); mauritius images: C. Bäck (72); mauritius images/Alamy (2, 7, 10, 23, 28 r., 55, 57, 59, 77, 106/107); mauritius images/Flirt (18 M.); mauritius images/Imagebroker: Dr. W. Bahnmüller (8, 37), W. Dieterich (66/67, 99), A. Jönsson (18 o.), J. Schmitz (19 u.), Siepmann (28 l.), J. & Ch. Sohns (95), J. Wackenhut (Klappe u.); mauritius images/Imagebroker/Arco Images: C. Braun (38); mauritius images/Westend61 (53); M. Stephan (Klappe o., 30, 31); vario images/imagebroker (109); J. Wackenhut (12/13, 14/15, 20/21, 22, 24, 32/33, 34, 39, 45, 46/47, 48, 51, 61, 71, 79, 102/103, 110/111, 113)

10. Auflage 2016
Komplett überarbeitet und neu gestaltet

Chefredaktion: Marion Zorn
Autor: Markus Giffhorn; Redaktion: Nadia Al Kureischi
Verlagsredaktion: Susanne Heimburger, Tamara Hub, Nikolai Michaelis, Kristin Schimpf, Martin Silbermann
Bildredaktion: Gabriele Forst
Im Trend: wunder media, München
Kartografie Reiseatlas: © MAIRDUMONT, Ostfildern; Kartografie Faltkarte: © MAIRDUMONT, Ostfildern
Gestaltung Cover, S. 1, S. 2/3, Faltkartencover: Karl Anders – Büro für Visual Stories, Hamburg; Gestaltung innen: milchhof:atelier, Berlin; Gestaltung Erlebnistouren: Susan Chaaban Dipl.-Des. (FH)

Printed in China

BLOSS NICHT

Was Sie als „Gast-Pfälzer" besser nicht tun sollten

MIT DEM AUTOR DIREKT BIS ZUR HÜTTE FAHREN

Es führen zwar viele Wege zu den beliebten Rastplätzen der Wanderer im Pfälzerwald und in den Weinbergen. Doch sorgen jene, die mit ihrem Vehikel am liebsten direkt vorfahren, für Kopfschütteln. Der Schoppen Wein und die Bratwurst wollen schließlich verdient sein. Zumal viele Wirtschaftswege gar nicht befahren werden dürfen.

UNGEDULDIG SEIN

In der Pfalz ticken die Uhren zuweilen etwas langsamer, was nicht heißen soll, dass die Pfälzer chronisch unpünktlich sind. Sie lassen sich nur nicht gern hetzen. Zeit sollten Sie an den Wochenenden oder in der Festesaison haben. Dann staut es sich häufiger mal auf den Straßen, die zu den schönsten Zielen führen.

UNGESELLIG SEIN

Die Pfälzer feiern im Allgemeinen gern. Dann werden sie nicht nur redselig, sondern auch kontaktfreudig. Niemanden stört es in einer Weinstube, wenn sich an einen mit nur zwei Personen besetzten Sechsertisch noch drei Gäste hinzugesellen. Wenn sich daraus eine lockere Gesprächsrunde entwickelt, ist das durchaus üblich. Auf den vielen Weinfesten in der Region gehört es dazu, dass man den Schoppen Wein kreisen lässt. Sollte Ihnen bei solchen Gelegenheiten ein Schluck angeboten werden, lehnen Sie nicht ab. Ein Nein wird als unhöflich empfunden.

TRAUBEN KLAUEN

Wenn im Herbst die Weinberge voll hängen, lässt man sich gern verleiten, von den Trauben zu kosten. Da hat niemand was dagegen, solange nur einzelne Beeren genascht werden. Ganze Trauben zu pflücken oder den Kofferraum vollzuladen ist absolut tabu.

FALSCHES SCHUHWERK TRAGEN

In der Pfalz müssen Sie für alle Fälle gerüstet sein: für die Wanderung im Wald, den Aufstieg zur Burg, das sportliche Event, den Besuch im Gourmetlokal. Falls Sie doch ein Paar vergessen haben – die Region um Pirmasens und Hauenstein gilt als Schuh-Mekka ...

RHEINHESSEN- ODER BADENWEIN LOBEN

Hier weiß man um die Qualität der eigenen Weine. Die Konkurrenz fürchten die Pfälzer Winzer zwar nicht. Sie sind bereit, auch wohlwollend von anderen Weinen zu sprechen. Nur bei den Tropfen aus den benachbarten Bundesländern ist nicht zu spaßen.

ÜBER DIE ROTEN TEUFEL SPRECHEN ...

... wenn Sie sich nicht auskennen. Der 1. FCK ist Gesprächsthema Nummer eins, auch wenn man nicht immer voll des Lobs für ihn ist. *Dischbedierd* (diskutiert) wird gern über das letzte Spiel, mit Stammtischphrasen dürfen Sie bei FCK-Fans aber nicht argumentieren.